추천사

　　밑줄을 그어가며 원고를 읽었다. 한국사회 기득권 카르텔의 중핵에 자리한 '괴물' 검찰을 개혁하는 과제와 차별에 맞서고 불평등을 타파하는 과제는 결코 분리될 수 없다는 현실 인식, 따라서 우리에게는 이 두 가지 개혁을 실현하기 위한 연속적이고 교차적인 실천이 필요하다는 저자의 지적은 정확하다.

　　냉소적인 것을 진보적 관점이라고 착각하고, 극우도 중도도 싸잡아 비판하는 태도로는 기실 세상을 단 한 치도 바꾸지 못한다. 이러한 태도와 철저히 결별해야 한다. 그래야 비로소 전지윤이 말하는 '혁명', 자신의 운명과 미래를 스스로 결정하기 위해 대중이 역사의 무대의 전면에 등장하는 순간을 맞이할 수 있기 때문이다.

　　아직 오지 않은 노동자 서민의 화양연화花樣年華를 꿈꾸는 사람들, 그 꿈을 실현하기 위해 수고로운 노동을 마다하지 않는 사람들 모두에게 감히 일독을 권한다.

신장식 (조국혁신당 국회의원)

언론의 보도와 논평이 외면당하는 이유는 '맥락'과 '관계', '전망과 대안'이 없어서다. 결핍이기도 하고 실종이기도 하다. 저자가 이 책에서 보여주는 것이 언론에 없는 그것들이다.

저자는 우파정치의 재구성과 청년 남성의 보수화, 혐오정치와 소수자 공격 그리고 신극우 확산, 쿠데타와 검찰 권력과 언론의 공조, 나아가서는 검찰언론사법 카르텔 등 '빛의 혁명'을 둘러싼 제 세력과 요인들의 관계와 맥락을 일목요연하게 정리한다.

무엇보다 내란 세력의 척결 과정과 함께 나란히 펼쳐질 이재명 정부의 곤혹스러운 실용 정치와 기득권 세력의 저항을 전망한 뒤 진보좌파 진영의 과거 실책을 돌아보고 새로운 연대의 과제까지 살핀다. 내란과 '빛의 혁명'을 주제로 한 큰 그림이 담겼다.

변상욱 (언론인, 전 CBS 대기자)

역사를 기록하는 것은 고통스럽지만 의미 있는 일이다. 특히 혁명사를 쓴다는 것은 흥미진진하기까지 하다. 혁명은 그 시대의 가장 첨예화한 모순과 세력 간 투쟁, 그리고 몰락이 가장 적나라하고 빠르게 드러나기 때문일 것이다.

저자는 진보적 사회활동가 겸 비평가이다. 그러나 저자는 200년 전의 낡고 갈라파고스화된 관념적 진보 의제에 매달리지 않는다. 그는 플랫폼 자본주의, 혐오 정치 등 달라진 세계 환경과 흐름을 통찰하며 진보를 재해석하는 탁월한 안목을 가졌다. 그는 시대의 투쟁과 쟁점을 연속성과 교차성이라는 독특한 관점으로 해석해왔다.

〈오마이뉴스〉와 〈미디어오늘〉, 〈시민언론 민들레〉 등에서 국제 문제를 날카롭게 비평해온 저자가 이번에는 국내 문제인 윤석열 정권의 3년과 '빛의 혁명'을 이 책으로 기록했다. 저자는 이 책에서 윤석열 권력을 검찰언론사법 권력 카르텔로 보고 미시적 기록보다 신우파, 보수, 진보, 노동자 등 거시적 세력(카르텔)의 대결로 정리하고 있어 독자가 이해하기 쉽다.

저자는 기계적 양비론이 아닌 진보좌파의 잘잘못도 통렬히 따진다. 운동권 출신의 변절도 기록했다. 특히 그는 진보 정치세력에게 "중요한 것은 원칙과 선명한 구호가 아닌 시의적절한 판단과 전술, 그리고 폭넓은 연대"라고 조언한다.

이 책은 2015년~2025년 대한민국에서 벌어진 촛불혁명 상중하 편 가운데 하편에 해당한다. 저자의 관점에 적극 공감하고 자신 있게 추천한다.

원희복 (작가, 전 경향신문 선임기자)

 재생종이로 만든 책

이 책은 지구의 숲과 우리의 미래를 위해 재생용지를 사용했습니다.

내란과 광장,
끝나지 않은 이야기

신극우, 쿠데타, 빛의 혁명

내란과 광장, 끝나지 않은 이야기
신극우, 쿠데타, 빛의 혁명

초판 1쇄 인쇄   2025년 7월 28일
초판 1쇄 발행   2025년 7월 30일

지은이	전지윤
디자인	디자인오팔
펴낸곳	산현글방(산현재)
등록	제2020-000239호
주소	서울시 마포구 연희로 11. 5층 CS-531
이메일	thehouse.ws@gmail.com
인스타그램	wisdom.shelter
인쇄	예림인쇄
제책	예림원색
물류	문화유통북스
ISBN	979-11-990295-1-4 (03340)

내란과 광장,
끝나지 않은
이야기

신 극 우
쿠 데 타
빛 의 혁 명

차례

머리말 10

1부 윤석열 정권 3년―쿠데타로 가는 길 17

1장 윤석열 당선의 원인과 배경 18
2장 되살아난 악몽과 공격받은 노동자 23
3장 전쟁 같은 적대 정치 32
4장 균열, 레임덕, 붕괴의 시작 38

2부 한국형 신파시즘과 신극우, 발생의 궤적 47

5장 우파정치의 재구성 1―2030 남성의 보수화 48
6장 우파정치의 재구성 2―종북몰이와 그 도우미들 54
7장 미시의 혐오 정치―소수자 공격과 사이버렉카의 준동 63
8장 혐오 정치의 기획, 중국 혐오, 신극우의 성장 76

3부 12·3 쿠데타, 빛의 혁명, 신극우의 반혁명 91

9장 실패한 쿠데타와 국민의힘의 공모 92
10장 빛의 혁명 101
11장 반혁명, 1·19 폭동, 윤석열 석방 사태 108
12장 힘겨웠던 쿠데타 진압 119

4부	**검찰언론사법 통치체제**	127
	13장 2019년 연성 쿠데타와 검찰 권력	129
	14장 검찰-언론 권력의 얼굴	136
	15장 검찰언론사법 삼위일체 카르텔	149
	16장 이재명 포비아	158

5부	**내란의 진압, 끝나지 않은 혁명**	168
	17장 6·3 대선과 쿠데타 진압의 일단락	168
	18장 2030 남성 보수화 논란―원인과 해법	176
	19장 조국혁신당과 진보정당들	186
	20장 이재명 정부와 한국사회는 어디로?	201

머리말

> 혁명이란 사람들을 감옥으로 보내서 이루어지는 건 아니죠. 혁명은 부모가 어떻게 아이들을 기를 것인지, 학교가 남자아이와 여자아이를 어떻게 대할 것인지, 우리가 세상에 어떤 동화를 만들어놓을 것인지에 달려 있다고 생각해요. (…) 저에게 희망이란, 미래가 굉장히 불확실하고 알 수 없고 아직 쓰여지지 않았다는 걸 깨닫는 거예요. 나아가 현재 우리가 하는 행동이 다른 미래를 써나가고, 그래서 우리는 결과를 바꿀 가능성을 갖고 있으며, 이 때문에 최선의 결과를 위해서 뭔가 시도해야 할 도덕적 책임을 갖고 있다는 걸 아는 거죠.
>
> ―리베카 솔닛

보통 혁명에 대한 좌파적 담론은 "혁명은 대중이 자신의 운명을 스스로 결정하기 위해 역사 무대의 전면에 등장하는 순간"이라는 레온 트로츠키의 설명(《러시아 혁명사》)에 의존하곤 한다. 여기서 트로츠키는 "억압받는 계급이 기존의 사회적·정치적 질서를 깨뜨리고 새로운 질서를 창출하려는 의식적이고 조직적인 행동"으로 혁명을 설명한다.

하지만 위의 리베카 솔닛의 설명과 주장은 오늘날 윤석열의 12·3 쿠데타를 진압하며 '빛의 혁명'을 거쳐온 우리에게 트로츠키의 교과서적인 설명보다 더 와닿는 측면이 있다. 혁명은 단순히 윤석열과 김건희 같은 인물들을 처벌하고 감옥에 가둔다고 이루어지는 게 아니라 우리의 삶과 관계를 바꾸는 문제라는 말이다. 무엇보다 아직 그 미래는 결정되지 않았고 우리가 만들어가야 한다는 뜻이다.

이 책은 그 과정과 작업에 작은 보탬이 되기를 기대하면서 내놓게 된 책이다. 그래서 윤석열 정권이 어떻게 등장했고, 누구를 위해서 무엇을 했는지, 그것은 왜 쿠데타라는 파국을 향해 나아갔는지를 하나하나 돌아보고 있다. 특히 윤석열 정권의 등장과 발전을 박근혜 탄핵 이후에 재구성된 기득권 우파가 한국형 신극우 형성과 혐오 정치로 나아간 과정을 분석하고 있다. 더불어서 그 중심에는 '검찰언론사법 통치체제'와 카르텔이 존재하고 작동하고 있었다는 점에 주목한다. 따라서 12·3 쿠데타는 결코 우연이나 우발적인 사건이 아니라 오래전부터 기획된 반동이면서 피하기 어려웠던 구조적 필연의 파국으로 이해해야 한다. 그것에 맞선 '빛의 혁명'이 얼마나 위대하면서도 역사적인 사건이었는지는 이로써 분명해진다.

물론 어떤 이는 이런 이야기가 12·3 쿠데타와 '빛의 혁명'에 관해 쏟아진 다른 많은 글과 책의 내용과 겹친다고 느낄지도 모른다. 특히 좌파적·급진적 시각에서 역사와 사회를 해석하는 시각일수록 더욱 그럴 것이다.

하지만 이 책은 몇 가지 점에서 기존의 좌파적·급진적 시각의 접근이나 분석들과 차이점이 있다. 먼저 나는 이 책에서 많은 급진적 좌파 평론들이 흔히 빠지는 '보수 양당'에 대한 기계적 양비론을 거부하려고 했다. 이것은 2019년의 소위 조국 사태에 대한 기존의 좌파적 해석과 태도와는 다른 접근과도 연결돼 있다. 이 책은 그것을 검찰-언론의 연성 쿠데타로 평가하며 12·3 쿠데타의 뿌리를 거기서 찾으며 분석하고 있다. 또한 지난 몇 년간 강력하게 작동하며 맹렬한 힘을 발휘해왔던 이재명 포비아에 대한 무관심이나 회피, 동조적 태도와도 선을 긋고 있다.

이것은 12·3 쿠데타의 진압과 빛의 혁명 이후의 한국 사회의 미래에 대한 논의에도 영향을 미치지 않을 수 없다. 이 책은 기존의 민주당 정부의 개혁이 실패한 이유를 민주당의 무능과 배신으로 설명하는 대개의 좌파적 평가들과 달리, 진보좌파 진영의 실책을 같이 봐야 한다고 주장한다. 따라서 빛의 혁명으로 세워진 정부가 직면할 개혁의 성패도 진보좌파 진영이 지난 오류를 얼마나 성찰하고 다시 반복하지 않느냐를 빼놓고는 말할 수 없다고 강조한다.

진보정당의 미래에 대해서도 진보당을 깎아내리고 정의당(민주노동당)만 주목하는 접근 방식을 거부하고, 둘 모두의 장단점을 공평하게 평가하면서 진보정당들의 연대를 강조하고 있다. 동시에 조국혁신당(덧붙여 사회민주당과 기본소득당)의 존재와 구실도 빼놓지 않고 언급하고 있다. 또 차별금지법 같은 반차별·평등의 과제를 검찰 개혁이나 언론 개혁의 과제와 대립시키거나 경중과 선후를 나누는 태도와도 구별되는 접근 방식을 택하고 있다. 추가하자면, 뜨거운 쟁점이 되고 있는 청년 남성의 보수화 현상에 대해서도 한국사회의 경제적 고통과 불안정이 커지면서 나타난 왜곡된 분노의 표출이라는 일반적 분석과는 다소 다른 관점에서 분석하고 있다.

나의 이러한 접근 방식은 자본주의 국가의 핵심에는 억압적 국가기구들이 있다는 관점에서 비롯한다. 자본주의에서 국가기구는 중립적인 것이 아니며, 강제와 폭력으로 지배 권력의 이해를 관찰하는 역할을 담당한다. 특히 누군가를 체포, 구속, 수사, 기소, 처벌할 수 있는 국가형벌권은 그중에서도 핵심이다. 한국에서 검찰은 특수한 역사적 과정에서 바로 그 국가형벌권을 독점한 가장 위험한 국가기구의 위치를 차지해왔다.

이들은 거대언론과 유착할 뿐 아니라 전관 변호사, 보수 정치인, 장관, 재벌사외이사까지 회전문처럼 들락거리며 일종의 독자적 정당처럼 움직여왔다. 그렇기에 국가권력(공권력)의 힘으로 시민의 삶을 짓밟은 정치검사들은 그야말로 "괴물이 된 국가권력의 손발"(김두식,《헌법의 풍경》)이었다고 할 수 있다. 더구나 이 검찰 권력은 언론 권력, 사법 권력, 정치 권력과 융합해서 한국사회 기득권 카르텔의 중핵을 형성했다. 결국 검찰총장 출신 윤석열이 대통령까지 되면서 검찰 공화국은 정점으로 향했고 12·3 쿠데타라는 파국으로 치닫게 된 셈이다. 이런 관점에 따라 이 책은 '민주주의 사회에서는 검찰과 언론의 중립성과 독립성을 보장해줘야 하고, 살아 있는 권력을 견제하는 검찰의 공정한 수사와 언론의 투명한 감시가 자유민주주의와 시장경제를 작동하게 한다'는 헤게모니적 프레임을 철저하게 배척하고 있다.

이 책의 이러한 관점은 자본주의 사회와 국가에서 모든 적대와 모순은 분리되거나 단절돼 있는 것이 아니라 서로 긴밀히 연결된 총체를 구성한다는 관점과도 연결돼 있다. 따라서 이 책은 복합적으로 구성되고 작동하는 사회적 문제와 모순들을 연속적이고 교차적인 관점에서 분석할 뿐 아니라, 그것을 해결하기 위한 투쟁의 과제와 방식에서도 연속적이고 교차적인 접근이 중요하다는 것을 강조하고 있다. 민주주의의 과제와 사회변혁의 과제를 '연속적'으로 수행해가야 하고, 착취와 억압의 다층적 모순도 '교차적' 해결이 필요하다는 말이다.

나는 이런 문제의식을 첫 책이었던 《연속성과 교차성》에서 좀 더 이론적으로 제시한 바가 있다. 이 책은 그런 문제의식을 2016년 촛불혁명에서 2025년 빛의 혁명으로 이어지는 비교적 짧고 구체적인 역사와 정치 상황에 대한 분석과 비평 속에서 녹여낸 것이라고 할 수 있다. 그 기간에 〈미디어 오늘〉, 〈오마이뉴스〉, 〈시민언론 민들레〉 등에 기고했던 시사·정치 평론이 이 책의 기본 재료가 됐다. 내가 시시때때로 쟁점과 국면에 따라서 SNS에 올렸던 글들도 마찬가지였다. 그런 글들을 바탕으로 해서 전체적인 뼈대를 세우고 그에 맞게 글들을 배치하는 작업이 진행됐다. 이어서 그동안의 상황 변화와 지금의 상황에 비추어 거듭 수정, 보완하고 다듬는 작업을 거쳤다.

그렇기에 그동안 나의 부족한 글들에 지면을 제공하며 실어준 언론사와 담당자분들, SNS에 올린 글들에 관심과 호응을 보여 준 분들에게 감사드린다. 이 글들에 담긴 단점보다는 장점과 가능성에 더 주목하면서 이 책의 구상과 출판을 제안해 준 산현글방 출판사에도 감사의 마음을 전하고 싶다. 출판사 편집부의 적절한 제안, 맵시 있는 교정과 편집 덕분에 이 책이 나올 수 있었다.

12·3 쿠데타와 빛의 혁명이 우리의 마음에 일으킨 물결이 다 가라앉기 전에 이 책을 내기 위해서 올해 봄부터 지금까지 많은 일을 뒤로 미룰 수밖에 없었다. 그 때문에 가족 일에 손놓은 나를 견뎌준 부모님과 형들과 동생, 실행위원으로서의 역할과 활동에 소홀한 나 때문에 속을 끓였을 '다른세상을향한연대'의 동료들, 무엇보다 언제나 나의 삶에 가장 큰 힘과 행복과 영감을 주고 놀라운 지혜와 용기로 나를 일깨우는 현정 씨에게 커다란 감사와 사랑을 전하고 싶다.

1부

윤석열 정권 3년 —쿠데타로 가는 길

1장
윤석열 당선의
원인과 배경

2022년 3월의 윤석열 대통령 당선은, 타자와 소수자에 대한 혐오를 부추기는 극우세력이 성장하고 권력을 잡는 전 세계적인 흐름에서 한국도 예외가 아니라는 것을 드러낸 일이었다. 문재인 정부 5년 이후 윤석열이 등장한 것은 여러모로 오바마 정부 8년 이후에 트럼프가 당선된 것과 비슷했다.

윤석열 당선 소식에 정치검찰-족벌언론들의 사냥감이 돼서 지독한 몰이를 당하던 사람들, 여성들과 사회적 약자와 소수자들부터 위협과 공포를 느꼈다. 여성가족부로 상징되던 성평등 사업과 정책, 예산, 인력들은 모두 공격에 직면할 것이었고 중국인이나 재중동포에 대한 배척과 혐오는 더 심해질 것이 분명했다. 노동조합과 시민단체에 대한 편견과 낙인도 더 강화될 것이고, 특히 작고 힘없는 노조나 단체일수록 더 힘들어질 상황이었다. 어디서든 차별과 혐오와 폭력을 옹호하는 사람들이 더 자신감을 얻고 목소리를 높일 것이 분명했다. '2016년 촛불'이 만든 변화가 전부 무너지는 것 같은 순간이었다.

2016년에 광장에서 촛불을 든 전부가 급진적 정치의식을 가지고 민주당을 넘어서는 정치적 노선과 정책들을 지지하는 사람들은 아니었다. 오히려 민주당보다 오른쪽이었던 사람들도 포괄한 것이 촛불 광장이었다.

그 공통분모는 그렇게 급진적이지 않았고, 촛불이 낳은 것은 정권교체였지 사회경제적 주류의 교체는 아니었다. 나중에 유출된 녹취록에서 윤석열도 그것을 지적했다. "어차피 버리는 카드이니까 뇌물로 엮어서 박근혜를 조짐으로써 국민들을 달래며 박근혜와 보수세력을 분리한 거지." 그래서 정치검찰과 족벌언론들도 촛불의 일부이거나 주역이었던 것처럼 행세할 수 있었다.

그리고 문재인 정부의 '실패한 5년'이 있었다. 윤석열의 탄생과 집권을 낳았기에 이것은 실패로 평가할 수밖에 없었다. 그러나 '문재인 정부가 모든 걸 배신했고 실패했다'는 좌파의 일반적 담론은 정확하지는 않았다. 문재인 정부 평가에는 적어도 다음 네 가지 점에 대한 고려가 필요했다.

첫째, 문재인 정부는 처음부터 급진좌파 정부가 아니라 중도개혁 정부였고, 이 정부를 지지하거나 선출한 대중들의 다수도 그들에게 급진적 개혁을 기대하진 않았다. 둘째, 이 정부는 진공 속에서가 아니라 국제적 과잉 유동성과 코로나 팬데믹 등의 악조건 속에서 움직였다. 셋째, 이 정부는 재벌, 거대언론, (검찰과 기재부 등) 관료권력의 포위와 방해라는 벽에 거듭 부딪혔다. 넷째, 그 속에서도 집권 5년간 저임금 노동자 비중 축소,

노동소득분배율의 개선, 노인빈곤율의 하락, 코로나에 대한 성공적 대응 등의 성과를 부정할 수는 없었다.

그러나 그 모든 걸 감안해도 문재인 정부는 재벌, 거대언론, 관료권력 등의 사보타주와 반동의 시도에 거듭 타협하고 굴복하면서 문제 해결에 실패했다. 그 결과는 부동산 폭등 속에 더 확대된 자산격차, 청년실업, 양극화, 늘어난 좌절과 박탈감이었다.

윤석열과 기득권 우파는 문재인 정부의 실패를 파고들며 온갖 갈라치기를 하면서 권력을 되찾았다. 그런데 여기서 풀어야 할 오해가 있다. 갈라치기는 기득권 우파의 전통적 전략이었지 새로운 것이 아니었다. 지역과 이념(또, 두 가지의 결합) 갈라치기가 대표적이고 그것은 언제나 버려진 카드가 아니었다. 새로 결합된 것은 젠더 갈라치기였다. 갈라치기는 원래 한쪽을 버려서 한쪽을 얻고 무엇보다 그로써 승리를 도모하는 행동이다. 2016년 미국 대선에서 트럼프도 백인과 남성의 표를 얻으면서 유색인과 여성의 표는 버렸다. 그리고 전체 득표에서는 오히려 힐러리보다 부족했다. 그러나 이겼다. 무엇보다 그는 열성적 행동부대를 얻었다.

2022년 대선 당시 이 나라 우파도 비슷했다. 그들의 전략은 첫째, '정권연장이냐 정권교체냐'는 프레임으로 2016년 촛불의 기억을 지워버리는 것이었다. 둘째, 반反586엘리트 정서를 이용해 문재인 정부를 '좌파 운동권 출신의 이권집단'이라고 낙인찍는 것이었다. 셋째, 온갖 가짜뉴스로 이재명을 차마 지지할 수 없는 '괴물'로 악마화하는 것이었다. 넷째, 60대 이상 세대와 영남 지지층, 청년남성들의 협공으로 민주당 지지자들을 '포위'하는 것이었다.

족벌 거대언론들과 대형 포털, 종편 방송들의 협조가 이것을 더욱 효과적으로 만들었다. 이것이 윤석열과 트럼프의 차이점이었다. 트럼프는 주류언론들과 여론조사를 뒤엎고 승리했다. 반면, 윤석열이 넉넉히 이기고 있다고 말하는 주류언론들과 여론조사들이 윤석열의 승리를 만들어냈다. 워싱턴의 아웃사이더였던 트럼프와 정치 신인이긴 하지만 검찰·언론 카르텔의 오랜 일부였던 윤석열의 차이였다.

이 결과는 촛불 이후 심각한 위기와 분열로 빠져들던 기득권 우파의 재결집과 부활을 뜻했다. 더구나 윤석열은 핏발이 선 눈으로 온갖 거친 발언과 혐오 선동을 하고도 당선할 수 있다는 것을 보여주었다.

한국 정치권의 대표적 아웃사이더였던 이재명은 사실, 계급적 분노와 불만을 우파적 혐오 정치가 아니라 다른 방향으로 이끌 수 있는 잠재력이 있었다. 그러나 민주당의 대선 후보가 되는 과정에서 '억강부약抑强扶弱을 말하던 아웃사이더 이재명'은 사라졌다. 그러나 그렇게 실용주의를 말하며 주류 정치인으로 변신하던 이재명을 2022년 대선 막판에 변화시킨 것이 있었다. 그것은 반페미니즘 여성 혐오 선동에 몰리던 청년 여성들의 대대적 반격이었다.

시간이 갈수록 이재명의 돌파구는 '신천지'도 '무속'도 '줄리'도 아니라 바로 청년 여성들의 힘이라는 것이 분명해졌다. 이재명은 TV토론에서 지자체장 성폭력 사건들을 사과했고, "구조적 성차별이 왜 없냐", "페미니즘이 뭔지 아냐"라고 윤석열을 몰아붙였다. 즉, 민주당은 전통적 주류세력이 통제하는 기득권 정당에서 벗어나 이재명으로 대표되는 비주류들이 힘을 키우며 청년 여성들로 지지기반을 확대할 수 있는 가능성을 보여주었다.

그 점에서 일부가 그러했듯 '어차피 윤석열이 되든 이재명이 되든 달라질 것은 없다'는 논리로 애써 위안 삼을 수는 없는 일이었다. 그것은 마치 무노조 경영을 하면서 구사대를 동원하는 자본가나, 노조를 인정하고 마지못해 임단협에 응하는 자본가나 어차피 다 자본가라고 말하는 것처럼 설득력과 맥락이 없는 말이었다. 필요한 것은 윤석열 당선에 좌절하고 분노하는 사람들에 공감하고, 그들과 함께 투쟁하고 연대할 기회를 늘려가는 것이었다. 그것이 윤석열 시대에 우리의 자세여야 했다.

2장
되살아난 악몽과
공격받은 노동자

2016년 강남역 살인사건의 악몽은 2022년 신당역에서 스토킹 살인사건으로 다시 살아났다. 다시 '여자라서 죽었다', '우연히 살아남았다'는 여성들의 절규가 터져 나왔다. 가부장적인 여성 차별 사회에서 무시당하고, 멸시당하고, 배제당하고, 성차별과 성폭력의 대상이 돼 고통받고 죽어왔던 여성들의 목소리였다. 이 사회에는 가정(가부장)폭력, 데이트폭력, 스토킹 등의 범죄를 간섭하지 말아야 할 사적인 문제, 좋아하고 사귀던 사이에 벌어진 사사로운 문제로 취급하는 인식과 문화가 존재했고, 그것이 법과 제도에도 반영돼 있었다.

따라서 진보정당의 청년 여성 의원들과 민주당의 권인숙 의원, 서지현 전 검사 등이 진작부터 제안했던 입법 강화 방안들을 진지하게 귀담아듣고 받아들일 필요가 있었다. 그것은 그런 행위들이 왜 용납될 수 없는 폭력이고 범죄인지에 대한 사회적 경각심을 높이고 새로운 규범을 만드는 힘이 될 수 있었다.

그러나 윤석열 정부와 한동훈 법무부 등은 이런 해법들을 배제하고, 오로지 처벌 강화에만 매달렸다. 단지 몇몇 괴물 같은 가해자들이 문제이고 그들을 신상공개하고, 전자발찌를 채우고, 더 강하게 처벌하고, 더 오래 감옥에 가둬 두면 문제가 해결될 것처럼 말이다.

하지만 대부분의 범죄, 특히 여성 혐오 범죄에는 사회구조적 원인이 있었다. 여성이 차별받는 사회적 구조, 여성을 남성의 소유물이나 성적 대상으로 여기는 사회적 규범, 자신보다 높은 위치의 남성에게 당한 무시는 참아도 여성에게 당한 무시는 도저히 참을 수 없는 것으로 느끼도록 남성을 길들이는 사회적 문화 등이 그것이다.

이런 구조, 문화, 규범, 이데올로기가 가장 강력하고 또 오래도록 남아 있는 곳이 보수적 사법부와 경찰, 검찰 같은 국가기구들인 경우가 많다. 검찰을 핵심 기반으로 등장한 윤석열은 2022년 대선 후보 시절부터 구조적 성차별 문제를 부정했다. 심지어 국민의힘 의원 하태경은 "페미니즘 자체가 반헌법적 이념"이라며 여성 차별에 맞선 사상과 운동을 공격했다. 집권 직후에 윤석열 정권이 제일 먼저 한 일 가운데 하나가 법무부에 파견돼서 성범죄를 방지하기 위해 필요한 법과 제도를 마련하는 데 최선을 다하던 서지현 검사를 쫓아내는 일이었다. 여성 등 소수자에 대한 혐오를 무기로 하는 극우 유튜버들을 개국공신으로 대우하며 취임식에 초청하는 등 한껏 그들의 사기를 높여준 것도 윤석열 정부였다. 신당역 사건은 이런 흐름 속에서 벌어진 비극이었다.

노동자에 대한 공격

윤석열 정권 3년간 여성에 대한 공격 못지않게 노동자와 노동조합에 대한 공격도 줄기차게 이어졌다. 2023년 5월 1일, 건폭 몰이 마녀사냥에 몰리다 분신 사망한 양회동 건설노동자가 남긴 유서에는 다음과 같은 내용이 나온다.

학교 다닐 때 공부를 못해 놓고 졸업했습니다. (…) 먹고 살려고 노동조합에 가입했고 열심히 살았습니다. 그런데 오늘 제가 구속영장실질심사를 받아야 합니다. 억울하고 창피합니다. (…) 정당하게 노조 활동을 했는데 집시법 위반도 아니고 업무방해 및 공갈이랍니다. 제 자존심이 허락되지가 않네요.

양회동 씨의 비통한 죽음과 그의 마지막 절규에 윤석열 정부 노동정책의 모든 것이 담겨 있었다. 학벌과 능력이 최우선인 한국사회에서 대부분의 사람들처럼 고인이 의지할 것이라곤 몸뚱아리밖에 없었다. 그래서 그는 힘들고 위험할 뿐 아니라 고용 불안과 저임금으로 악명 높은 건설 현장에서 일하며 가족을 지키고 희망을 꿈꾸었다. 그나마 의지할 수 있던 곳은 노동조합이었다. 노조로 뭉친 건설노동자들은 임금 인상과 고용 보장을 요구했고 죽지 않고 일할 수 있는 건설 현장을 위해 투쟁했다. 무엇보다 '우리는 노가다가 아니라 노동자'라며 사회의 존중을 요구했다.

윤석열 정권이 들어서면서 이 모든 것이 공격당했다. 정부는 경찰과 검찰을 앞세우고, (족벌)언론들의 바람잡이 속에서 "건폭(건설폭도)", "공갈", "갈취" 운운하며 건설노조를 몰상식하고 파렴치한 깡패 집단으로 몰아갔다. 수많은 건설노조 활동가들이 체포, 기소, 구속됐다. 건설노조의 활동은 마비됐고 현장에서 힘을 잃어갔다. 건설노조 조합원들은 일자리를 얻기도, 먹고 살기도 힘들어졌다. 노동자들의 마음 속에서 공포는 커졌고, 자존심은 시궁창에 처박혔다.

결국 양회동 강원건설지부 3지대장은 자기 몸을 불살랐다. 검찰, 경찰, 국토부, 노동부가 합쳐진 태스크포스까지 꾸려 '200일 특별단속'까지 하면서 건설노동자들을 조폭 일망타진 하듯이 몰아붙인 자들이 범인이었다. 눈물을 흘리며 규탄 집회에 나선 건설노동자들 앞에서 친정부 극우단체는 "반반치킨 됐다"며 고인을 능욕하는 방송을 했다.

이것이 윤석열 정부 집권 1년 만에 노동자들이 처하게 된 현실이었다. 이처럼 윤석열 집권 동안에 노동운동과 노동조합은 전방위적으로 짓밟혔다. 공정거래위가 나서서 노동자의 단결을 '불공정 담합행위'로 규정하고 탄압하는 신종 기법까지 등장했다. '노조 부패는 3대 부패 중 하나'라면서 노조의 회계자료 제출을 요구하고 과태료를 부과하면서 괴롭혔다. 여기에 국가정보원과 국가보안법을 앞세워 간첩단 조작 사건을 통해 노동운동을 '종북'으로 낙인찍고 탄압하는 일이 결합됐다.

노조 탄압의 명분과 논리는 노동시장 이중구조론이

었다. 부패한 "강성노조", "귀족노조"들이 힘없는 노동자들을 착취하는 "이중구조"를 바로잡는 "노동 개혁"으로 청년 세대의 희망을 만들겠다는 논리였다. 윤석열이 말하는 "기득권 카르텔"은 보통의 상식과 달리 재벌-족벌언론-정치검찰이 아니라 민주노총-언론노조-민변을 뜻했다. 이 논리의 가장 큰 역설은 신자유주의 정책으로 노동시장 이중구조를 만든 장본인들이, 그 이중구조의 가장 밑바닥에 있는 노동자들을 더욱더 짓밟고 쥐어짜기 위한 구실이라는 것에 있었다.

실제로 윤석열 정권 내내 탄압의 표적이 된 것은 저임금에 시달리는 조선소 하청 노동자, 노동기본권도 빼앗긴 화물운수 노동자, 고용 불안의 대명사인 건설 일용직 노동자들이었다. 이것은 결코 우연이 아니었다. 문제의 본질은 힘없는 노동자들일수록 노조로 뭉쳐야 권리를 되찾고 인간답게 살 수 있다는 데 있다. 그래서 2016년 촛불 이후에 기회가 열리면서 노조 조직률은 그 후 5년간 4%가 높아졌다(세계적으로 노조 조직률이 하락하는 가운데 매우 예외적이었다). 이를 추동한 것은 대기업과 공공부문의 비정규직과 청년·여성 노동자들이었다.

이 물결이 중소기업과 민간부문까지 확대될 수 있다는 것이 정권과 자본의 큰 우려였다. 특히 이 추세가 상대적으로 더 좌파적이고 전투적인 민주노총의 성장으로 나타나는 것을 심각하게 봤다. 최초로 비정규직 출신의 민주노총 위원장이 탄생했을 뿐 아니라, 지난 몇 년간 민주노총의 주된 투쟁은 대부분 비정규직과 여성 노동자들이 주도했다. 전경련 권태신 부회장은 이에 대한 공포에 가까운 우려를 이렇게 표현했다. "문[재인] 정부는 노조가 주인인 나라, 즉 노조 공화국을 만들었다. (…) 대한민국은 '노조에겐 천국, 기업에겐 지옥' 같은 곳이 됐다. (…) [노조 공화국은] 한국 경제의 몰락과 공산주의화로 직결된다."✽

이것은 2022년 대선 선거운동 당시 윤석열 후보의 주장과 일치했다. 윤석열 정부가 민주노총을 중심으로 한 노조 탄압에 집중한 것도, 그중에서도 특히 비정규직·하청·일용직 노동자들을 더 잔인하게 탄압하는 것도 우연이 아니었다. 그것은, 노동자들이 노조로 뭉쳐서 권리를 요구하는 것을 중단시키고 그 방향을 역전시키기 위한 의식적이고 체계적인 '반격'이었다. 실제로 2016년 촛불 이후에 꾸준히 상승해온 노조 조직률은 윤석열 집권 이후부터 주춤하기 시작하더니 역전하기 시작했다. 이것을 윤석열 정부는 '노동 개혁'이라고 불렀다.

윤석열 정부가 집권기에 추진한 정책을 살펴보면 그 내용(69시간 노동제, 직무성과급 전환, 파견근로 확대, 파업 기간 대체근로 허용, 파업 시기 점거 금지, 주휴수당 폐지, 최저임금 삭감, 중대재해처벌법 개악 등)은 대통령 인수위 시절에 경총이 인수위에 전달한 〈신정부에 바라는 기업정책 제안서〉의 내용을 거의 '복붙'한 것에 가까웠다. 양회동 건설노동자는 유서에서 "무고하게 구속되신 분들 제발 풀어 주세요"와 "제발 윤석열 정권 무너뜨려 주십

✽ 송의달, "권태신, 文 정권 5년은 '노조 천국 · 기업 지옥'…경제 암흑기였다", 조선일보, 2023. 3. 16.

시오"라는 두 가지 부탁을 남겼다. 고인은 "저의 하찮은 목숨으로 너무 많은 것을 바라는 것일지도 모르지만"이라고 미안해했다. 모든 소중한 것들을 하찮게 만들어버린 게 윤석열 정부였다.

장애인에 대한 공격

윤석열 정부의 또 다른 집중 표적은 '전장연(전국장애인차별철폐연대)' 그리고 전장연 운동에 결합한 장애인들이었다. 윤석열 정권 3년을 돌아볼 때 집중적 공격과 고난을 가장 심하게 겪은 이들 가운데 장애인들을 빼놓을 수는 없다.

한국사회는 장애인들의 요구가 거의 잘 들리지 않는 곳이다. 목소리를 좀 높이면 듣는 척하지만 곧 한 귀로 흘린다. 비명을 지르고 발버둥을 치면 마지못해 아주 일부를 들어준다. 이것이 지난 21년 장애인 이동권 투쟁의 역사가 보여주는 한국사회의 민낯이다. 장애인들이 리프트에서 떨어져 죽고 철로를 점거했을 때 엘리베이터가 약간 만들어졌고, 길바닥을 기어서 한강대교를 건너며 절규했을 때 저상버스가 조금 늘어났다.

그런데 오세훈 서울시장과 윤석열 대통령이 집권하면서 중대한 변화가 시작됐다. 절박하고 처절한 요구와 저항 자체를 '불법', '민폐', '범죄'로 낙인찍으며 장애인들을 공격하기 시작한 것이다.

이러한 전환의 신호탄을 쏘아 올린 것은 이준석(당시 국민의힘 대표)이었다. '여성과 페미니즘'을 표적 삼아 갈라치기를 하는 '혐오 정치'를 통해서 유력 정치인으로 급성장한 이준석은 이어서 '투쟁하는 장애인과 전장연'이라는 새로운 표적으로 이동했다. 이준석은 장애인을 선량한 사회적 약자라고 보는 것을 "언더도그마"로 규정하며 장애인을 드러내놓고 적대하고 증오하는 사람들의 양심의 거리낌과 부담감을 덜어주었다.

이것은 집권세력 전체가 공감대 속에서 함께한 공세의 출발점이었다. 재벌 대기업과 1% 초부자들의 세금을 깎아주던 윤석열 정권은 정부 예산안에 중중장애인 활동지원서비스, 탈시설 지원, 발달장애인 24시간 지원체계, 이동권, 교육권, 노동권에 필요한 예산을 거의 대부분 반영하지 않았다. 전장연이 항의의 뜻으로 지하철 타기 투쟁을 시작하면 오세훈 서울시장은 즉각 "무관용 원칙"과 "경찰력 투입" 협박으로 맞대응했다.

그러면서 이들은 SNS에 강경한 대응과 탄압을 정당화하는 글을 올렸다. '전장연의 시위 방식이 무고한 시민들에게 책임을 전가하며 선의의 피해자를 양산하고 있다'는 논리였다. 오세훈은 전장연 투쟁으로 등교와 출근에 30분 지각한 시민에 대한 이야기는 하면서도, 학교나 직장에 가보지도 못하고 평생 골방이나 시설에 갇혀서 사는 장애인에 대해서는 시종일관 침묵했다. 한동훈 법무부 장관은 전장연의 시위가 "무한정 허용되어서는 사회가 유지될 수 없으므로 법과 원칙이 준수될 필요가 있다"고 말했고, 김광호 서울경찰청장은 전장연 시위 같은 "불법 행위는 지구 끝까지 찾아가서라도 반드시 처벌을 받도록 하겠다"고 했다. 서울시, 교통공사, 경찰의 강경 대응과 함께 갑자기 '지하철 운행 정상화를 위한 장애인 연대'라는 단체가 등장해서 전장연을 막아섰다.

  친정부적인 극우 유튜버들은 '전장연은 이석기 석방, 반미 자주, 미군 철수를 말하던 친북 단체'라며 색깔론을 폈고, 각종 온라인 공간은 물론 지하철 투쟁 현장에서 전장연과 장애인 활동가들에 대한 혐오, 막말, 욕설들이 폭증하기 시작했다. 역시 두드러진 것은 조선일보였다. 수시로 전장연을 매도하는 기사들을 싣던 조선일보는 "지하철 민폐 시위"라고 전장연의 투쟁을 낙인찍으며 "자기들 주장을 펼치기 위해 남을 괴롭히는 방식을 택한" 결과로 "천문학적 사회적 비용을 초래"했다면서 "경찰은 더 이상의 불법을 방치해선 안 된다"고 주문했다.

  정부와 서울시가 전장연의 시위를 막기 위한 '지하철 무정차 통과'를 발표한 이후 오세훈 시장은 전장연에게 4억 원의 손해배상을 청구하겠다고 발표했고, 법원은 열차 운행 지연이 될 때마다 전장연이 500만 원을 지급해야 한다는 조정안을 판결했다. 이 모든 비용과 손실 계산에서는 이동, 교육, 노동의 기본권도 누리지 못하는 장애인들의 인간적 고통은 얼마인지가 통째로 빠져 있었다. 전장연과 장애인 활동가들은 윤석열 집권 3년 내내 권력과 언론의 십자포화를 맞으면서도 꿋꿋이 저항했지만, 끝없는 돌팔매질 속에 상처투성이가 됐다.

3장
전쟁 같은
적대 정치

　　　　윤석열 정권 내내 일정한 적을 만들어내고 그것과 대결하는 식의 적대 정치가 심화했다. 적대의 한 대상은 공공적 기능을 수행하려는 언론이었고, 동시에 언론의 자유였다.
　　　　윤석열 정권은 먼저 MBC에 대한 전방위적 집중 포격을 가했다. 윤석열 정권이 MBC를 공격하는 논리는 그 수위와 강경함이 전시상태에 적국에게 보내는 선전포고를 떠올리게 할 정도였다. 'MBC가 악의적인 가짜뉴스로 한미동맹을 이간질하며 국가안보와 헌정질서를 위반하며 국익을 해치고 있다'는 논리였다. 이에 따라 MBC를 탈탈 터는 감사, 세무조사, 근로감독이 진행됐고, 삼성 등에 대한 광고 중단 촉구와 돈줄 끊기 압박이 이뤄졌다. 대통령 전용기 탑승 배제는 그 과정에서 불거진 에피소드였다.
　　　　윤석열 정권은 MBC를 두들길 뿐 아니라, 나머지 언론사들도 위계적 서열에 따라서 충성 경쟁을 시키고 통제하려고 했다. 해외 순방에서는 대통령 전용기에서 쫓겨난 언론사, 전용기에 탈 수 있었던 언론사, 전용기 안에서도 따로 대통령과 독대한 언론사라는 3등급 위계 서열로 나뉘어졌다. 이것은 등급 밖으로 밀려난 언론에는 공포와 고립감을, 등급 안으로 들어간 언론에는 위축과 자기 검열을, 최상위 등급에 올라가 있는 언론에는 더 강력한 충성 경쟁을 요구하는 방법이었다.

이 효과는 결코 무시할 수 없었다. '바이든/날리면'사태에서도 일부 족벌언론들은 '전문가들에 따르면 날리면이 맞는 것 같다'며 금세 태도를 바꾸었고, 나머지 언론들도 MBC 옆에서 같이 비를 맞는 적극적 자세는 보기 힘들었다. 결국 MBC 기자가 대통령 전용기에서 쫓겨났을 때 그나마 같이 탑승을 거부한 언론은 한겨레와 경향신문밖에 없었다. 덕분에 자신감을 얻은 윤석열 정권은 이제 MBC 기자의 '예의'를 문제 삼으며 도어스테핑을 중단하고 기자단에게 자체 징계를 요구했다.

MBC만큼이나 집중적 표적이 된 건 TBS였다. '뉴스공장 등 주요 시사 방송들을 없앨 것이냐 아니면 TBS 구성원 모두가 다 같이 죽을 것이냐'는 협박 끝에 이강택 사장이 자진사퇴했다. 서울시의회가 'TBS 설립 및 운영에 관한 폐지 조례안'을 통과시켰고, 김어준의 뉴스공장은 강제로 폐지됐고, TBS는 존폐 위기의 고비로 들어섰다.

그다음으로 떠오른 것은 YTN 민영화에 관한 흉흉한 소문들이었다. 민영화된 YTN이 윤석열 정권의 국정 방향과 정책을 편들어주면 낮은 지지율 문제 해소에 도움이 될 것이라는 계산이었다. 그 밖에 윤석열 정권에 비판적인 대표적인 뉴미디어 더탐사에 대한 한동훈의 고발과 검찰의 압수수색이 이어졌다.

윤석열 정권이 이런 식의 언론 장악과 통제를 시도할 것이라는 예상은 대선 후보 시절부터 나왔다. 그때 이미 윤석열 후보는 '민주노총 언론노조가 언론을 장악해 허위보도를 일삼고 국민을 속이고 있다'는 논리를 폈기 때문이다. 또 하나 중요한 특징은 이러한 언론 장악과 통제 시도가 언론인 출신이면서 윤석열 정권에 유입된 인물들에 의해서 주도된 점이었다.

조선일보 같은 수구언론들은 그냥 정권의 국정홍보처나 대변인실과 같은 구실을 했다. 조선일보는 정권 초기에 대우조선 하청노동자 투쟁과 화물연대 파업이 정권을 골치 아프게 할 때 "폴리스 라인을 넘으면 그대로 땅바닥에 제압당하고 허리 뒤로 두 손목이 묶이는 모습을 보고 싶다. (…) 공장 점거, 사장실 점거, 출입구 봉쇄 같은 산업 시설 불법 점거는 즉각적으로 공권력이 작동되어야 한다"는 기사를 실었다.

이런 상황에서 방송과 언론들이 한목소리로 정권의 언론 통제와 장악 시도에 맞서며 언론 자유를 지키는 것은 정말 중요했다. 하지만 그런 움직임과 목소리는 별로 커지지 않았다. 보수세력과 족벌언론들의 주도로 뉴스공장이나 더탐사는 정치적으로 편향적이고 과도한 음모론 등으로 정상적인 언론이 아니라는 낙인이 찍혔고, 그 결과 그 언론들과 선을 긋고 그들을 외면하게 하는 효과가 나타났다.

공산전체주의 프레임

한편, 윤석열 정권이 적대 정치를 위해 동원한 가장 대표적인 언어는 '공산전체주의'였다. 윤석열은 2023년 광복절 연설에서 이렇게 말했다. "공산전체주의 세력은 늘 민주주의 운동가, 인권 운동가, 진보주의 행동가로 위장하고 허위 선동과 야비하고 패륜적인 공작을 일삼아왔다." "조작선동으로 여론을 왜곡하고 사회를 교란하는 반국가세력들이 여전히 활개 치고 있다." 이런 이야기들은 칼 마르크스의 〈공산당 선언〉의 너무나 유명한 첫 부분을 떠올리게 했다. "하나의 유령이 유럽을 배회하고 있다. 공산주의라는 유령이. 구 유럽의 모든 세력, 즉 교황과 차르, 메테르니히와 기조, 프랑스의 급진파와 독일의 경찰이 이 유령을 사냥하려고 신성동맹을 맺었다."

한국사회에서 '공산전체주의'라는 유령을 사냥하기 위해 '신성동맹'을 맺은 것은 윤석열 대통령과 국민의힘과 공안기관들과 족벌언론들과 극우 유튜버들이었다. 윤석열 정부의 눈에 거슬리는 정치세력 중에 기득권 카르텔로부터 '좌파', '종북', '공산전체주의'라고 비난받지 않는 경우를 찾기 어려웠다. 심지어 채상병 사건의 진실을 밝히려고 한 박정훈 대령조차 "북한 김정은이 반길 상황"을 만들었다고 비난받았다. 육군사관학교가 공산당 전력을 이유로 홍범도 장군 흉상을 철거하려 한 것도 '유령 사냥'의 연장선이었다.

이 과정에서 윤석열 정권은 '전체주의'는 물론이고 '공산주의'와도 아무 상관이 없는 민주당이나 그 왼쪽의 민주개혁 세력들을 '공산전체주의'라고 낙인찍었다. 또한 윤석열 정권은 '공산전체주의라는 유령에 대한 사냥'을 2024년 총선을 앞두고 보수 지지층 총결집을 위한 절호의 계기로 여겼다. 그리하여 검찰과 공안기관들을 채찍질하며 야당과 민주노총을 짓밟게 하고, 자유총연맹 등의 보수관변단체에 국가보조금을 몰아줬고, 뉴라이트나 극우 유튜버들을 곳곳에 포진시켰다.

윤석열의 태도는 확고한 신념을 가지고 '성스러운 전쟁'을 수행하는 '이념 전사'의 그것이었다. 그러면서 '새는 좌우의 날개로 난다'라는 상식적 주장에조차 노골적 적대감을 드러냈다. '반공자유주의적 권위주의'의 전형적인 모습으로서 오히려 전체주의와 더 가까웠다. 냉전의 절정과 매카시즘 시대의 미국이나, 후발 자본주의 국가에서 보수주의적 엘리트들이 반공을 내세워 자유주의적 기본권도 부정하던 모습에서 비슷한 사례를 찾을 수 있었다.

여기에 부수적으로 따라붙은 것이 '반스탈린주의(반주체사상)'라는 이유나 '적의 적은 동지'라는 이유로 마녀사냥에 굴복하고 협력하는 자유주의자나 좌파였다. 지난 대선 때 일부 자유주의자들과 좌파적 지식인, 활동가들이 '윤석열이야말로 자유주의자'라면서 지지했던 행태가 대표적이었다.

마르크스의 〈공산당 선언〉은 "우리가 잃을 것이라고는 쇠사슬뿐이요 얻을 것은 전 세계다. 만국의 노동자여 단결하라"로 끝난다. 하지만 윤석열을 중심으로 한 기득권 카르텔과의 싸움에서 우리가 버려야 할 것은 '우리와 노선이 다르고 사이가 나쁘던 정파나 인물은 윤석열 정권이 탄압해도 알 바 아니다'라는 태도였고, 얻어야 할 것은 우리 안의 서로 다른 견해는 존중하면서도 탄압과 마녀사냥에 맞서서 힘을 모으는 태도였다.

4장
균열, 레임덕, 붕괴의 시작

윤석열 정권의 조기 레임덕이 본격화한 것은 2024년 4월 총선에서 국민의힘이 참패할 때부터였다. 그리고 2024년 4월 총선 결과는 2016년 촛불혁명의 연장선상에서 평가해야 한다. 2016년에 일어난 정치적 지진은 한국사회를 뿌리부터 뒤흔들었다. 당시에 촛불을 들고 거리에 나선 대다수는 대선과 이어진 총선 등에서 민주당 정부와 심지어 윤석열 검찰에게 철저한 적폐 청산과 사회 개혁의 기대를 걸었다. 하지만 민주당 정부의 적폐 청산과 사회 개혁은 성과와 함께 한계도 많았고, 대다수 시민에게 큰 실망을 안겼다.

그걸 이용해 '공정과 상식'을 내걸고 윤석열과 이준석 등을 앞세워 '양두구육羊頭狗肉' 사기극을 펼치며(이준석은 2022년에 윤석열과 갈라지면서 "돌이켜 보면 저야말로 양의 머리를 흔들며 개고기를 팔았던 사람이었다"라고 말했다.) 보수우파가 가까스로 정권을 되찾아간 것이 지난 2022년 대선이었다. 문재인 정부의 검찰총장이었던 윤석열은 기득권 카르텔의 새로운 지도자로 변신했다.

하지만 대다수는 금세 속았다는 것을 깨달았고 다시 민주당으로 지지가 모였다. 윤석열 대통령의 지지율은 집권 몇 개월 만에 30% 대로 추락한 다음에 한 번도 큰 회복세를 보이지 못했다.

2022년 대선 이후 2년 만에 민주당 당원이 2030 여성들을 중심으로 100만 명 이상이나 늘어나서 250여만 명에 이른 것도 같은 추세를 보여주었다. 무엇보다 사람들은 윤석열 정권이 먹고 살아가야 하는 자신들의 삶을 망치고 있다는 것을 절실히 깨달았다. 성장률, 국민소득, 임금인상률, 소득분배율, 물가, 금리, 주가, 무역수지, 환율까지 모든 지표가 줄줄이 하락했고 악화했다. 더구나 윤석열 정권은 촛불이 대변했고 심지어 자신들도 내걸었던 공정, 정의, 평등, 평화, 상식 등 모든 가치를 짓밟았다.

따라서 2024년 총선 전부터 국민의힘의 참패는 예정돼 있었다. 이종섭 전 국방장관의 해외 도피극, 황상무 시민사회수석의 '회칼 테러' 망언, 875원 대파쇼 같은 자책골 '3종 세트'는 민심을 폭발시키는 하나의 계기였을 뿐이다. 이미 이 나라의 언론 환경은 '레거시 미디어'가 쇠락하고 유튜브 같은 뉴미디어가 대세가 됐는데, 레거시 미디어와 종편만 시청하고서는 비명횡사 공천으로 민주당이 폭망하고 국민의힘이 승리할 것이라는 말을 믿었다면 거대한 착각이 아닐 수 없었다.

이재명과 윤석열의 적대적 공생과 대결 정치에 지친 수많은 사람들에 대한 헛소문을 믿고 '제3지대'에서 노다지를 찾아 나섰던 이낙연, 금태섭, 류호정 등의 정치인들 역시 뒤통수를 맞았다. 그런 '중립' 지대는 사실상 그것을 꺼낸 이른바 진보적인 언론과 지식인들의 머릿속에서나 존재했던 셈이다. 오히려 이재명 민주당 대표는 정권 심판 바람을 일으키며 전국에서 지원 유세를 했고, 조국혁신당이 선거자금 펀드를 모금하자 1시간 만에 200억이 모이는 현상까지 벌어졌다.

　　　　　보수우파는 총선 기간에 극심한 분열과 위기를 드러냈다. 끝없는 불협화음과 상호 비난, 갈등이 터져 나왔다. 집권 정부와 여당의 지위를 이용한 최악의 관권 선거, 언론과 방송에 대한 '입틀막'과 '땡윤뉴스'가 있었지만, 국민의힘은 총선 참패를 피할 수 없었다.

　　　　　다만, 총선에서 이준석 국민의힘 전 대표가 가까스로 살아 돌아온 것은 불길한 소식이었다. 이준석과 개혁신당에 모인 신우파들은 소수자 혐오와 갈라치기를 보수정치와 결합시키는 데 훨씬 능수능란하기 때문이었다. 더구나 레거시 미디어들도 진영을 떠나서 이준석, 천하람, 김용태, 김재섭 등으로 대표되는 청년 우파들에게 호의적이었다.

　　　　　그럼에도 2024년 총선에서 크게 성공한 정치세력이 있다면 그건 이재명의 민주당과 조국의 조국혁신당이었다. 윤석열, 한동훈, 검찰, 족벌언론들이 자신들의 기득권을 위협해온 상징적 인물인 두 사람을 마녀사냥하고 악마화하고 그 가족까지 죽도록 괴롭혔지만, 거대한 역풍만 낳았다. 윤석열 정권에게 속고 고통받았던, 그 결과 어떤 반전을 열망하게 된 수많은 이들은 이 두 사람의 주장에 귀를 기울이고 호응했다. 총선 기간에 이

두 사람이 전국의 거리와 광장을 돌아다니며 거대한 인파 속에서 유세하는 장면은 마치 거대한 반정부 시위와도 같았다.

그 속에서 조국 대표는 "3년은 너무 길다", "끝을 보겠다"고 했다. 이재명 대표는 "민주당이 아니라 여러분이 직접 윤석열 정부를 심판하고 나라의 주인이 누구인지 보여줘야 한다"고 했다. 따라서 2024년 총선은 단지 민주당이나 조국혁신당이 만들어낸 결과가 아니었다. 2016년 촛불에서 시작된 변화를 다시 이어가고 싶어 한 기층 대중의 마음이 밑바닥에서 움직였다. 중요한 것은 윤석열 정부 초기와 달리 사람들이 싸울 수 있다는 자신감을 회복했다는 것이었다.

뇌관이 된 명태균 게이트

한편, 2024년 4월 총선 참패 이후, 검찰이나 다른 권력기관에서조차 총부리를 거꾸로 돌리며 윤석열 정권과 다른 길을 가려는 움직임이 나타나기 시작했다. 족벌언론들에서도 윤석열 부부에 대한 강력한 비판적 사설과 칼럼들을 쏟아내기 시작했다. 윤석열 정권이 이미 조기 레임덕을 넘어서 심리적 탄핵의 단계로 넘어가고 있다는 신호였다. 이런 분위기 속에서 충격적이면서 정치적 폭발 가능성이 큰 명태균 게이트가 터져 나오기 시작했다.

먼저 문제가 된 것은 윤석열 후보가 명태균으로부터 무상으로 여론조사를 제공받았다는 의혹이었다. 명태균 씨가 주도한 미래한국연구소는 대선 기간에 수십 차례 여론조사를 시행하고 그 결과를 윤석열 후보에 보고하면서 3억 6,000여만 원을 썼는데, 그 비용을 윤석열 캠프나 국민의힘에서 지급한 흔적이 없었다. 그렇다면 이것은 명백한 정치자금법 위반이었다.

심지어 여론조사 비용을 지급하는 대신 김영선을 창원 의창 재보선에 공천해 줬다는 증언까지 나왔다. 공짜 여론조사라는 뇌물을 받고 의원직 공천이라는 대가를 돌려준 셈이니 문제는 더욱 심각해질 수밖에 없었다. 급기야 사태는 윤석열 후보가 대통령이 되는 과정과 그 정당성에 대한 의구심으로 발전했다. 명태균의 인터뷰 내용은 이런 의구심을 강하게 뒷받침했다. "내가 이 정권 다 만들었으니 내가 무너뜨릴 수 있는 거다", "내가 여사하고 대통령한테 다 까발리겠다 그랬거든", "(검찰이 나를 구속하면) 한 달이면 (윤석열 대통령이) 하야하고 탄핵일 텐데 감당 되겠나." 단순히 여론조사를 무료로 실시하고 그 결과를 제공해준 것만으로 이런 협박성 발언을 하기는 어려웠다. 그것을 넘어서 여론조사 과정에서 뭔가가 벌어졌고 그것이 윤석열 대통령 당선에 결정적 도움을 줬다는 취지로 들렸다.

명태균과 미래한국연구소의 의뢰를 받아 여론조사를 실행한 여론조사업체 PNR 서명원 대표의 인터뷰 내용은 이런 의구심을 확신으로 굳어지게 했다. 그는 윤석열 후보의 지지율이 이재명 후보보다 많게는 20%까지 높게 1등으로 나온 당시 PNR의 여론조사 결과를 "굉장히 극렬화"한 하우스 이펙트house effect(여론조사를 의뢰·수행하는 기관의 성향에 따라 여론조사 결과가 달라지는 현상)라고 고백했다. "누군가가 작업하지 않았으면 이렇게까지 붐업되지 않았을 것"이라면서 "이걸 계속 펴다 나르고 늘리고 하고 하다 보니까, 점점 하우스 이펙트가 커진"것은 "보수 언론사들의 공작"이 낳은 효과라는 것이었다.

김웅 전 국민의힘 의원은 이것을 "일종의, 국민을 속이는 여론조사"라고 지적했고, 이런 진실이 다 밝혀지면 "어마어마한 핵폭탄급의 파문을 일으킬 가능성"이 있다고 우려했다. 이런 고백과 지적들은 2022년 대선 때 실제로 일어난 일과 겹쳤다. PNR은 지방의 작은 여론조사 업체에 불과했지만 윤석열 후보가 크게 앞서는 PNR의 여론조사 결과를 족벌언론을 중심으로 대대적으로 퍼 날랐고, 그것이 결국 여론에 영향을 끼쳤다. 그러한 상승작용 속에서 윤석열 대세론은 갈수록 커지고 강해졌다.

그러나 막상 대선 결과를 보면 윤석열 후보는 이재명 후보에게 단 0.73% 차이로 앞섰을 뿐이었다. 결국 이런 사실들을 종합하면 '지난 대선 때 여론조사를 핑계로 여론조작이 벌어졌고, 족벌언론들이 이것을 도왔고, 그 덕분에 대통령이 된 윤석열 부부는 김영선 공천을 통해 명태균에게 보답했고, 명태균은 김영선의 세비 절반을 받을 수 있었다'는 추정이 가능했다.

게다가 명태균은 노회한 정치 책사 김종인을 "내게 아버지 같은 분"이라고 설명하며 오세훈이 서울시장이 되는 과정, 윤석열이 국민의힘에 입당하는 과정, 이준석이 국민의힘 당대표가 되는 과정, 윤석열-안철수가 단일화하는 과정에도 자신이 큰 역할을 했다고 자랑했다. 명태균에게 최소 4명의 경남권 국민의힘 전·현직 의원들이 정치 컨설팅과 여론조사 명목으로 수천만 원의 정치자금을 지출한 것도 드러났다. 윤석열 탄핵 사유를 넘어 당선 무효까지 나올 수밖에 없는 이 모든 의혹의 진실을 밝혀야 한다는 목소리가 갈수록 커질 수밖에 없었다.

하지만 이 사태는 처음부터 명태균의 양심 고백으로 시작된 것이 아니었다. 이준석 개혁신당 대표가 친한 기자들과의 술자리에서 자랑하다가 실수로 흘린 정보를 뉴스토마토가 낚아채면서 시작된 것이다. 윤석열-김건희-김영선-명태균으로 이어지는 여론 조작, 선거 부정, 공천 거래, 국정 농단의 주역들은 서로 협력하고 협조하다가 총선에서 김영선이 공천 탈락하면서 갈등이 불거진 것으로 보였다. 이 과정에서 명태균도, 이준석도, 김종인도, 김영선도, 홍준표도 모두 자기만 살려고 남에게는 불리하고 자기에게는 유리한 정보만 흘리며 사람들의 눈을 속이고 거래를 시도하는 난장판이 벌어졌다. 젠더 갈라치기 등 혐오 정치를 통해 출세한 이준석은 단지 윤석열을 앞세운 '양두구육' 사기극만이 아니라 선거 조작의 책임에서도 자유롭지 않다는 것이 드러났다. 그래서인지 이준석은 명태균 게이트의 파괴력을 줄이기 위해 필사적이었다.

물론 명태균 게이트에는 더 깊은 뿌리가 있었다. 기득권 우파와 특권 카르텔은 2016년 촛불을 거치며 심각한 위기와 분열로 빠져들었다. 하지만 그들은 문재인 정부를 지나면서 다시 부활하고 재결집하기 시작했다. 윤석열과 정치검찰, 국민의힘의 전통적 우파, 이준석과 새로운 우파들, 이 세 그룹이 힘을 모았다. 결국 이들은 윤석열 정권을 탄생시키며 권력 탈환에 성공했다.

하지만 이들은 화학적 결합에 성공하지 못했고 곧바

로 치열한 권력 다툼에 돌입했다. 이른바 '윤핵관'과 권력 다툼 끝에 이준석은 탈당했고, 정치검찰들의 두목과 부두목이던 윤석열과 한동훈도 갈라서게 됐다. 이런 갈등과 분열은 명태균 게이트가 폭발하며 진흙탕 싸움이 일어나게 된 발판이 됐다. 이에 따라 윤석열 정권은 최대의 정치적 위기에 직면했고, 정치적 상황은 중대한 고비로 향했다.

뉴스토마토에서 국민의힘 대선 본경선 조작 가능성을 보여주는 중대한 특종을 보도한 그 다음 날 윤석열 대통령은 모든 의혹을 부정하는 기자회견을 열었다. 기자회견 이후에 한동훈 국민의힘 대표는 야당에 대한 공격으로 돌아섰고, 이준석은 입을 닫고 해외 출장을 떠났다. 이어서 윤석열 정권은 민주노총의 노동자대회에 폭력적 대응을 하며 공세에 나섰다. 민주노총 조합원 100여 명이 부상하고, 10여 명이 연행됐지만, 정부와 언론은 모든 책임을 민주노총에 뒤집어 씌웠다. 공멸의 위기의식 속에서 우파가 결집하면서 희생양을 찾았던 것이다.

이미 윤석열 정부는 '정권 퇴진 국민투표' 참가를 독려한 전교조, 공무원노조 지도부에 대한 소환조사도 예고한 상황이었고 '촛불행동'에 대한 압수수색도 강행했다. 이것은 2015년에 레임덕 위기에 직면한 박근혜 정부가 '민중총궐기 폭력 집회'를 핑계로 한상균 민주노총 위원장을 체포하려던 때와 판박이처럼 비슷했다. 윤석열 정권과 경찰은 필사적이었다. 명태균 게이트의 뇌관이 폭발하면서 윤석열의 퇴진과 탄핵을 요구하는 여론이 거대한 대중항쟁으로 발전할 수 있는 고비의 순간이었기 때문이다.

2부

한국형 신파시즘과 신극우, 발생의 궤적

5장
우파정치의 재구성 1
—2030 남성의 보수화

청년 남성들의 상당수가 보수적 가치와 정치에 이끌리고 있다는 걱정의 목소리는 이미 문재인 정부 하반기부터 나왔다. 물론 그것을 부정하는 주장들도 있었다. 부정론자들은 '청년 남성들은 민주당의 무능에 실망하고 반대하는 것이지 보수적 가치와 방향을 지지하는 것은 아니'라고 주장했다. 하지만 이런 주장과 그것이 그르다는 주장은 사실 무의미한 것이었다. 청년 남성들은 그 둘 모두를 함께 보여주고 있었기 때문이다. 미국에서 오바마에 대한 기대가 무너지면서 트럼프 당선으로 이어진 결과나, 영국에서 신자유주의와 긴축에 대한 불만이 인종주의적 브렉시트 찬성으로 나타난 것과 비교될 수 있을 현상이었다.

물론 우파가 새롭게 재구성되고 있었기에 전통적 우파의 기준으로 보면 설명이 안 되는 측면들이 있었다. 예컨대 유럽에서도 신우파 가운데 일부는 낙태나 동성결혼을 찬성하면서 정치를 재구성했다. 한국사회에서도 우파는 새로운 가치를 수용해 지지기반을 확대하고 있었다. 온라인 대형 커뮤니티에 가입돼 있거나 그 동향을 계속 살펴온 사람은 이미 이런 흐름을 어렵지 않게 목격해왔다. 해가 갈수록 촛불 정부의 개혁에 기대와 지지를 보내던 목소리는 침묵 속에 사그라들었고, 보수적 가치나 혐오적 편가르기를 부추기는 목소리들이 커져만 갔다.

청년 남성들이 다수인 온라인 커뮤니티일수록 이런 현상이 더 심했고, 그것은 문재인 정부 하반기에 치러진 지방선거에서 20대 남성 다수가 오세훈을 서울시장 후보로 지지하는 것으로 나타났다. 대중의 불만과 분노를 정치적 땔감으로 이용하는 우파가 청년 세대와 남성 젠더에게 더 효과적으로 다가가는 것은 자연스러웠다. 청년 세대는 자본주의가 낳는 불안정과 고통에 더 민감하고, 남성 젠더는 가부장제가 낳는 허위의식과 열패감에서 덜 자유롭기 때문이었다.

돌아보면, 이런 현상은 사실 2016년 촛불 이전의 박근혜 정부 시절에도 존재했다. 당시 하루 평균 방문자 수가 70만이라던 일베(일간 베스트) 사이트에서 청년 남성들이 차별과 혐오를 유머와 놀이로 소비하는 행태는 하나의 사회적 문제였다. 2014년에 세월호 유가족의 단식농성장 앞에서 피자와 치킨을 먹는 젊은 남성들의 이른바 '폭식 투쟁'은 상당한 충격이었다. 그러나 이런 현상은 2016년 촛불혁명의 거대한 바다 속에서 사라지는 것으로 보였다. 촛불이 낳은 성과와 자신감은 차별에 반대하고 평등과 사회정의를 지향하는 목소리에 더 큰 힘을 불어넣었다.

바로 이 힘이 2016년 강남역 살인사건 등을 계기로 '페미니즘 리부트'에 중요한 디딤돌이 되었다. 지금은 신우파가 된 서민 교수도 당시에는 페미니스트를 자처했을 정도였다. 이런 흐름은 2018년 미투 운동에서 용기 있는 고발과 의미 있는 연대로 이어졌다.

그러나 그 물결 속에는 이미 역방향의 물결이 나타나고 섞이고 있었다. '메갈리아' 티셔츠를 입었다는 이유로 성우가 해고되고, 총투표를 통해서 주요 대학에서 총여학생회가 사라진 것도 바로 이 시기였다. 시사인은 2019년에 데이터 분석을 통해 20대 남성의 10명 중 6명이 반페미니즘적이면서 문재인 정부에 비판적이고, 심지어 그중 25% 정도는 스스로 역차별받고 있다고 생각하는 일관된 "반페미니즘 마이너리티 정체성 집단"이라고 주장했다.

우파 정치세력이 본격적으로 이들과 접속하고 자신의 지지기반으로 만들기 시작한 한 시점은 2019년 검찰대란(소위 '조국 대전') 국면이었다. 그때 서울 주요 명문대에서 청년 학생들의 촛불시위가 이어졌고, 청년 극우 유튜버들이 본격적으로 청중을 늘려갔다. 조국 가족이 보여준 특권과 반칙이 능력과 노력을 통한 공정한 경쟁을 무너뜨렸다는 것이 당시 그들의 논리였다.

같은 논리가 인천국제공항공사 비정규직 정규직화 논란('인국공 사태')에서 다시금 점화되었다. 능력도 없고 노력도 하지 않은 사람들을 정규직화하는 것은 불공정하다는 목소리였다. 당시에 일부 청년 정규직들은 비정규직의 정규직 전환에 반대하는 수십만 명의 국민청원을 조직하고 집회를 열었다. 이렇게 사회적 약자나 소수자에 대한 배려는 공정한 경쟁을 해치고 무임승차를 부추기는 잘못된 정책이 됐다. 2030 직장인 10명 가운데 4명은 주식이나 암호화폐에 투자하고 있었기에 이에 대한 국가의 규제에도 이들은 부정적이었다.

초기부터 이 흐름에 올라타 가장 주도적으로 프레임을 짜고 정치적 선동을 해온 것은 바른미래당의 하태경과 이준석이었다. 이들은 2019년에 주류언론의 선정적 보도에 힘입어 '페미니즘=워마드'라는 프레임을 짜고 '워마드와의 전쟁'을 선포했다. 당시에 이미 바른미래당은 청년 남성들 속에서 민주당을 넘어서는 지지율을 얻었다. 이 당에는 난민 혐오 선동에 앞장선 이언주도 있었는데, 이들은 그 후 우파의 재구성과 재결집 속에서 국민의힘으로 통합됐다.

이들 우파의 노력은 집요하고 끈질긴 것이었다. 예컨대 N번방 사건 때도 국민의힘은 이런 일 때문에 남성들이 억울한 잠재적 가해자로 몰려서는 안 된다는 점을 강조했다. 결국 우파는 대중, 특히 청년 남성들의 불만과 분노를 나름의 총체적이고 일관된 세계관과 해법으로 묶어내는 데 어느 정도 성공했다. 정의를 말하면서 특권을 챙기는 파렴치하고 위선적인 586 엘리트들이 검찰, 언론을 뒤흔들어 자신들의 반칙을 숨기고 어설픈 정책으로 한국사회를 망치고 있다는 논리는 이제 우파를 넘어서 대다수 지식인과 언론들이 상식처럼 여기는 헤게모니적 담론의 지위를 얻었다.

신우파의 새로운 무기는 첫째 '공정'이었다. 신우파는 '연공 서열을 거부하고 능력에 따른 성과를 요구하는 청년들이 민주노총을 벗어나 MZ세대 독자 노조로 가고 있다'며 이런 흐름을 더욱 부추겼다.

둘째는 '반페미니즘'이었다. 페미니즘이 남성을 역차별한다는 선동은 개그맨 박나래의 사소한 말실수가 경찰 고발로 이어지고, GS25 포스터에 담긴 '집게 손가락' 모양이 엄청난 비난에 휩싸인 사건의 배경이 됐다.

셋째는 '혐중 선동'이었다. 여기에는 한미동맹의 유산, 중국의 급부상이 낳은 모순된 반응, 반공주의, 중국에서 코로나가 건너왔다는 헛소문, 노동시장에서의 경쟁 등이 복합적으로 작용했다. 주류언론들의 왜곡과 부추김 속에서 강원도 차이나타운 반대 청원이 순식간에 거대한 규모로 불어나는 일이 일어났다.

이 모든 현상 뒤에는 문재인 정부와 민주당의 개혁 실패, 그것에 대한 실망과 분노가 존재했던 것도 사실이다. 촛불의 열기가 가라앉고 각자도생 속에 삶의 고달픔과 불안정이 계속되었고, 우파는 그것을 정치적으로 악용했다.

물론, 우파 정치의 재구성은 여러 모순을 품고 있었다. 전통적 우파 가치와 새로운 우파적 가치의 화학적 융합은 어려울 수 있었다. 예컨대 반페미니즘을 둘러싸고 이준석, 진중권, 서민은 서로 심각한 이견과 균열을 드러내고 있었다. 명문대 출신의 부유한 우파 엘리트들이 힘겨운 처지에 있는 청년들의 진정한 친구가 되기도 쉽지 않은 일이었다.

문제는 삶의 고통과 불안정에 시달리던 사람들을 보편적 권리와 평등의 요구, 급진적 재분배라는 좌파적 대안으로 모아내는 시도가 성공하지 못하고 있었다는 것이다. 정치적으로 주변화하여 잘 보이지 않는 신세가 돼버린 민주당 바깥의 좌파는, 민주당의 실패와 위기를 비웃을 처지가 아니었다. 대중, 특히 청년 남성들이 우파의 새로운 지지기반이 되어가는 현실을 외면하는 것도, 그렇다고 그들을 매도하고 비난하는 것도 대안일 수 없었다.

2030 남성들의 분노와 불만에 공감하는 것과 그들이 이끌리는 우파적 대안을 비판하는 것이 양립 불가능한 것은 아니었다. 광화문에서 "문재인은 간첩"이라고 외치던 노년층의 태극기 집회와 행진이 지속되는 상황에서, 강남역에서 "페미니즘은 정신병"이라고 외치는 젊은 남성들의 집회와 행진이 등장하는 상황은 우리에게 근거 없는 낙관을 허용하지 않고 있었다.

6장
우파정치의 재구성 2
―종북몰이와 그 도우미들

종북몰이는 다시 부활해서 윤석열 정권 시기 우파정치의 재구성 과정에 대대적으로 동원되었다. 2023년 봄, 국가정보원은 조선일보 등 족벌언론과 한 몸처럼 움직이며 피의사실을 공표하고 실시간 중계를 하면서 민주노총 등 전국 10개 단체를 동시다발로 압수수색했다. 윤석열 정부의 치밀한 정치적 기획에 따른 한바탕 쇼 아니냐는 의심과 비판이 여기저기서 제기됐다. 실제로 국정원과 족벌언론들의 호들갑이 일으킨 거품을 걷어내고 그 사건들을 살펴보면 어처구니없는 점이 한 두가지가 아니었다.

북한 간첩과 접촉해 지하조직을 결성한 것으로 의심받는 3명이 "서로 연락을 안 했던 것이 더 의심스럽고 단선연계 복선포치형 조직"이라고 했다. 하지만 서로 연락을 했으면 또 그것대로 지하조직의 증거가 됐을 것이었다. 친북 지하조직의 특징인 진술거부권을 행사한다는 지적도 어처구니없었다. 진술거부권은 수많은 피의자가 사용하는 기본적 권리일 뿐이기 때문이다. 해외여행 갔다가 만난 사람, 숙박 문의 전화를 걸어온 사람이 알고 보니 북한 간첩이었다는 수사 내용도 뭔가 이상했다. 더구나 국정원은 그렇게 난리를 치며 호들갑을 떨고도 초기에는 증거를 입증하지도 못해서 관련자 중 한 명도 구속기소하지 못했다. 물론 몇 달간의 꾸준한 여론몰이와 여론재판을 통해서 결국 나중엔 관련자 일부를 구속하는 데 성공했다. 하지만 국정원과 검찰에 의해서 무시무시한 지하조직의 핵심 간부로 지목된 사람 중 하나는 이미 사회운동에서 멀어져 있던 말기 암 환자였다.

검찰과 국정원은 이런 사람들을 상대로 영장도 없이 미행하고, 초등학생 자녀의 일기장을 뒤지는 등 반인권적인 수사를 진행한 것이었다. 이번에도 공안정국 조성을 위한 과장되거나 조작된 사건이 아니냐는 의심이 커질 수밖에 없었다. 공안기관이 국민을 속여온 무수한 역사와 경험이 있기 때문이다.

공안정국 조성을 통해서 윤석열 정부는 사람들의 관심을 다른 곳으로 돌리고, 지지자들을 결집시키고, 반대파들을 위축시키며 불신과 균열을 일으켜 서로 연대하지 못하게 만들고 싶어 했다. 더불어, 윤석열 정부를 비판하고 반대하거나 반전 평화를 위한 요구와 운동, 민주당과 진보정당들을 지지하는 활동 일체에 '북한의 지령'이라는 딱지를 붙이려고 했다. 나아가 곧 예정돼 있던 헌법재판소 심판에서 국가보안법이 위헌이라는 판결이 나오지 않도록 분위기를 조성하고, 국정원의 대공 수사권 폐지도 막으려고 했다. 국정원은 온갖 정보를 수집하면서 감시, 사찰, 공작, 조작을 벌여온 비밀 경찰기구로서 윤석열 정부에게는 너무 매력적인 무기였기 때문이다.

윤석열 정부는 이미 집권 초부터 국정원의 힘을 강화하고 공안정국을 조성하기 위한 준비 작업을 착착 진행해갔다. 먼저 서울시 공무원 간첩 사건을 조작한 장본인인 이시원 검사를 대통령실 공직기강비서관으로 앉혔다. 국정원의 요직인 기조실장 자리에도 친윤 검사를 보냈다. 과거 공안 조작 사건에서 프락치 노릇을 했다는 의심을 받는 김순호를 경찰국장에 임명했다.

이렇게 검사나 검사 출신들을 중심으로 대통령실, 검찰, 국정원, 경찰을 수직계열화하며 고발, 수사, 기소를 일사천리로 진행하는 시스템이 만들어졌다. 게다가 윤석열 정부는 방첩사로 이름만 바꿔 군의 기무사를 부활시켰고, 국정원은 2022년 연말에 사이버안보협력센터를 개소했다. 곳곳에서 모든 정보를 수집하고 분석하면서 공안정국을 뒷받침할 수 있는 조건을 마련한 것이다.

그리고 윤석열은 야당과 반대 진영을 '종북 주사파'로 매도하는 발언들을 더 많이 내놓기 시작했다. 서해 공무원 사건으로 문재인 청와대를 '종북'으로 낙인찍었고, 무인기 파동 때는 군 장성 출신인 민주당 김병주 의원마저 '북한과 내통한 간첩'으로 몰았다. 나아가 쌍방울의 대북 송금을 고리 삼아서 민주당 이재명 대표에게도 '종북' 낙인을 찍었다. 그리고 민주노총에 북한과 연계된 지하조직이 있었다며 대대적 종북몰이를 본격화했다.

이런 종북몰이를 가능하게 한 토대에는 자유민주주의를 파괴하는 악법인 국가보안법이 있었다. 우리 헌법에는 사상과 양심의 자유(제19조), 언론, 출판, 집회, 결사의 자유(제21조), 학문과 예술의 자유(제22조) 등이 언급돼 있지만, 국가보안법에는 이 모든 것을 가로막는 조항들이 있다. 특히 국가보안법의 7조가 문제인데, 이 조항은 "국가의 존립 안전이나 자유민주적 기본질서를 위태롭게 한다는 정情을 알면서 반국가단체인 북한을 찬양·고무하거나, 또는 국가변란을 선전·선동"하고 "이를 목적으로 하는 단체를 구성·가입"하거나 "이런 내용의 표현물을 제작, 수입, 복사, 운반, 반포, 판매 또는 취득"하는 행위를 처벌 대상으로 규정하고 있다. 이 7조로 인해 권력기관은 사상·표현의 자유 자체를 원천적으로 봉쇄할 수 있고, 의심이 가는 사람들을 손쉽게 구속할 수 있었다. 정부와 기득권 체제를 비판하고 반대하는 주장은 '반국가 단체 찬양·고무'로, 조직과 활동은 '이적단체 구성·가입'으로, 그런 내용의 책과 글을 쓰고 읽는 것은 '이적표현물 제작, 배포, 소지'로 옭아맬 수 있었다. 북한의 위협 때문에 국가보안법이 필요하다는 말은 대부분 그럴듯한 핑계였다.

국가보안법 옹호자들은 "87년 민주화 이후에는 국가보안법의 남용이 없어졌다"고 말한다. 그러나 국가보안법은 이명박 정부, 박근혜 정부를 거치면서 다시 종북몰이 광풍에 이용됐다. 그 절정은 내란음모 조작 사건과 통합진보당 강제 해산이었다. 물론 2016년 촛불항쟁 이후 문재인 정부 시절에는 국가보안법과 공안 탄압이 다시 약화했다. 하지만 윤석열 정부가 들어서면서 국가보안법의 칼날은 다시 여기저기서 수많은 사람을 찔러대기 시작했다.

변신한 운동권 출신들

한편, 조선일보가 꾸준히 반복해온 행동 패턴 중의 하나는 노동운동과 시민운동 출신 인사들로 하여금 그들이 그간 함께해온 곳에 침을 뱉게 하는 것이다. 그래서 과거에 운동권이었지만, 지금은 그곳을 욕할 준비가 돼 있는 사람들은 높은 몸값을 매겨서 모셔간다. 지난 몇 년간에도 참여연대 공동집행위원장 출신의 김경율 씨, 조국통일범민족연합(범민련) 남측본부 사무처장 출신인 민경우 씨, 사회진보연대 부설 노동자운동연구소 연구실장이었던 한지원 씨 등의 사례가 있었다.

주로 주말 특집에 그들의 인터뷰 기사를 실었는데, 2023년 5월 조선일보의 이러한 주말 특집에 얼굴을 내민 것은 이수봉 씨였다. 이수봉 씨는 다소 세월이 지나긴 했지만 민주노총에서 대변인, 정책연구원 원장, 사무부총장까지 했으니 조선일보로서는 꽤 만족스러운 기획이었을 것이다. 인터뷰 내용은 딱 조선일보가 듣고 싶은 이야기들만 고른 것 같았다. "간첩단 사건은 팩트다. 북한의 구체적 지침을 받았다", "지금도 주사파가 강력한 영향력을 행사하고 있다", "[민주노총은] 민주당과 결탁했다. 서로 적당히 눈감아 주면서 이해를 채웠다", "북한의 대남 의식화 사업이 먹힌 것이다", "[총파업은] 북한의 핵무기와 똑같다", "민노총이 괴물이 돼버렸다", "노동자가 주인이면 기업주는 노예가 된다", "이대로면 기업도, 나라도 망한다."

이런 주장들은 마치 고장 난 라디오처럼 뻔한 레퍼토리여서 새롭지는 않았다. 진보좌파 출신이면서 등을 돌려 족벌언론들과의 인터뷰에 나서는 사람들이 돌려보는 대본집이 따로 있나 하는 생각이 들 정도였다. 지겨울 정도이고 식상하지만 조선일보 등이 이런 기획을 끝없이 우려먹는 것에는 알다시피 이유가 있었다. '내부에서 함께하던 이들조차 시민운동과 노동운동이 사실은 위선적 사기꾼과 간첩들의 모임임을 고백하더라'는 말을 하려는 것이다.

예컨대 김경율 씨의 인터뷰를 실으면서 조선일보는 그가 '젊은 시절 화염병을 던졌고, 참여연대에 있었고, 삼성 재벌과 싸웠다'고 강조했다. 그러면서 그의 발언을 '용기 있는 양심적 내부고발'이라고 포장했다. 하지만 도무지 말이 되지 않는 프레임이었다. 보통, 막강한 힘과 권력이 있는 집단의 내부에서 박해와 불이익을 무릅쓰고 목소리를 낼 때 '양심적 내부고발'로 볼 수 있다. 예컨대 검찰 내부에서 끝없이 목소리를 내던 임은정 검사의 경우다. 반면, 민주노총과 진보단체들은 우리 사회에서 가장 큰 권력을 가진 윤석열 정부, 족벌언론들, 공안기관의 표적이 돼 있었다. 이들에 대한 권력의 탄압과 공격을 도와주면서 기회나 자리를 얻는 행위는 '양심적 내부고발'과는 아무 관련이 없었다. 그저 사회적 강자에 대한 비양심적인 동조, 마녀사냥에 대한 측면 지원, 과거 동료들의 등에 칼 꽂기라고 할 수 있었다. 힘과 권력을 가진 자들의 진보적 사회운동에 대한 공격을 정당화하기 위해 꼭 필요한 말을 대신해 주는 것이기 때문이다. 그런 말은 국정원, 검찰, 족벌언론 기자가 하는 것보다 진보단체나 민주노총의 간부였던 사람이 하는 것이 훨씬 더 잘 먹히는 법이다.

이를 잘 보여주는 사례가 민경우 씨였다. 민경우 씨는 조선일보 인터뷰에서 문재인 정부를 "유사類似 주사파"라고, 한국진보연대는 "주사파가 만든 통일 전선 조직"이라고 낙인찍었고, "주사파 활동가들이 노동운동을 하겠다며 택배 기사로 위장 취업한 뒤 노조 핵심 간부가 됐다"며 민주노총을 고발했다. 그의 말과 행동은 범민련 간부 출신이라는 그의 전력 때문에 더욱 신빙성을 얻었다. 이런 고발이 조선일보에게 더 반가운 것은 책임지지 않아도 된다는 장점이다. 나중에 문제가 되면, 우리는 저 사람이 한 말을 믿고 실었을 뿐이라고 빠져나가면 그만이다.

궁금해지는 것은 왜 이처럼 시민운동이나 노동운동에서 활동하다가 정반대 편으로 넘어가서 옛 동료들을 공격하는 사람이 계속 나타나는가인데, 윤석열 시대에 당사자들은 대부분 '조국과 윤미향 때문'이라고 입을 모았다. 즉, 그들의 비리와 위선을 보면서 충격과 환멸을 느껴서 진보좌파의 내부 문제들을 고발하기 시작했다는 설득력 없는 주장이었다. 몇 년이 지나도록 계속 '조국, 윤미향' 타령을 우려먹는 것도 어색하지만 이들이 문제 삼는 두 사람의 문제점이나 혐의들은 검찰 수사와 법원 판결에서도 상당 부분 사실무근으로 드러났기 때문이었.

더구나 이렇게 변신한 사람들은 단지 진보좌파 진영의 이중성과 부족함을 비판하고 지적하는 것을 넘어서서 자신들의 정치적 포지션 자체를 보수우파적 입장으로 바꿨다. 이들이 문제인 정부를 "한국 역사상 최악의 정권"(민경우), "포퓰리즘의 끝을 보여준 문재인 정부"(한지원)라고 하면서 주되게 비판한 이유도 최저임금 인상, 검찰 개혁, 부동산 규제와 과세, 탈원전 정책, 대북 화해 정책 등에 있었다. 전형적으로 보수우파들이 문재인 정부를 반대한 이유들이고, 결국 이들은 진보좌파 진영에 등을 돌리고 조선일보와 인터뷰하고 윤석열 정권을 지지하는 쪽으로 이동했다.

예컨대 한지원 씨는 마르크스주의 좌파를 자처하다가 2022년 대선 때 윤석열 후보와 "각론 차이를 접어두고 정권교체를 위해 힘을 합쳐야 한다"고 나섰고, 그것을 "포퓰리즘을 막기 위한 제2의 국공합작, 반포퓰리즘 연대"라고 규정했다. 심지어 윤석열 정부의 69시간 노동제와 강제동원 피해자 외면 한일 야합에 대해서도 "방향은 틀리지 않았다"며 앞장서 변호했다.

동시에 한지원 씨는 "[윤석열]의 자유민주주의가 이재명의 리바이어던보다 한국사회에서 차라리 낫다는 점 하나는 분명해 보인다"거나, 미국 주도의 세계 질서가 "현실 세계에서 작동 가능한 유일한 질서"라고 주장했다. 즉, 친북 주사파 운동권들과 그 영향을 받는 민주당보다는 차라리 자유민주주의와 한미동맹을 지키려는 보수우파가 낫다는 논리였다. 이것은 과거 냉전 시대에 미국과 서유럽에서 소련식 사회주의를 대안으로 여기던 좌파들이 그 환상이 깨지면서 180도 방향을 바꾸어 냉전우파로 변신하며 매카시즘에 동참하고 공화당으로 유입되던 과정과 유사한 점이 있었다. 먹고 살기 위해, 춥고 배고프던 곳에서 따뜻하고 배부른 곳으로 간 것이라며 그런 변신을 설명하는 것만으로는 충분하지 않다는 말이다.

7장
미시의 혐오 정치
─소수자 공격과 사이버렉카의 준동

2022년 대선 때 처음 등장한 '개딸(개혁의 딸)' 현상은 한국사회의 주류적 흐름과 담론을 뒤집는 통쾌한 반전의 의미를 담고 있었다. 왜냐하면 당시 민주당 후보였던 이재명은 기득권 카르텔과 족벌언론의 협공 속에서 온갖 부정적 딱지와 비호감 이미지를 벗어나지 못하고 있었기 때문이었다. 특히 형수 욕설 논란 등 때문에 여성들 속에서 거부감이 더 컸다.

민주당은 지자체장 성폭력 사건들과 '586 중년남성 꼰대 정당' 이미지 때문에 여성들의 지지를 받지 못하고 있었다. 더구나 억강부약을 말하던 정치권의 대표적 아웃사이더 이재명은 민주당 대선 후보로 주류화되면서 개혁적 성격이 더 희미해졌고, '펨코(에프엠코리아)' 등을 기웃거리고 반페미니즘 역풍에 타협하려 하면서 여성 유권자들과 거리가 더욱 멀어졌다.

보수우파는 '최악의 비호감 대선' 구도를 만들어 상대 후보의 확장성을 차단한다는 전략이었다. 한편, 자신들은 안철수까지 포함한 '최대 연합'을 이루고 성별 갈라치기를 통해 청년(남성)들을 끌어들이고 '세대를 포위'하면 필승한다는 계산이었다.

이런 흐름에 파열구를 내기 시작한 것이 바로 2022년 대선 막판의 '개딸' 현상이었다. 이재명 악마화, 이재명 포비아를 위한 메시지가 가장 집요하게 유포되던 공간들 내부에서 청년 여성들을 중심으로 그토록 강력하던 주류적 프레임을 의심하고 거부하는 목소리가 등장했다. 그것은 기득권 카르텔이 일으킨 다양한 역풍과 갈라치기에 몰리던 기층 대중의 의미 있는 반격이었다. 이재명 후보의 대선 선거운동은 이제 박지현(디지털 성범죄 감시 활동가 출신) 같은 젊은 여성 페미니스트들이 전면에 나서서 청년 여성들을 대상으로 공약을 제시하는 방향으로 변화하기 시작했다.

이런 목소리가 왜 진보정당보다 민주당 후보를 통해서 대변되었는지는 별도의 분석과 평가가 필요한 일이지만, 이 현상이 조금만 더 일찍, 더 크게 분출했다면 2022년 대선 결과는 달랐을지도 모른다. 더구나 이 현상은 윤석열 후보가 0.73% 차이로 가까스로 승리하고 나서도 사라지지 않았다. 청년 여성들을 중심으로 수십만 명의 새로운 당원이 민주당에 가입했고, 민주당 당사 앞에서는 '민주당은 할 수 있다'며 개혁 입법을 촉구하는 집회와 행진이 계속됐다.

대선 직후에 검찰 수사권 축소 법안이 통과된 것은 이 과정에서 벌어진 일이었다. 그것은 민주당 주류세력이 문재인 정부 5년 동안 180석 가까운 의석에도 의지를 보이지 않던 일이었다. 이런 방식으로 기층의 압력이 민주당 주류세력과 지도부를 압박하거나 교체하면서 더 많은 개혁 입법을 요구하고 윤석열 정부에 맞선 강경 투쟁을 주문할 가능성이 커졌다.

보수우파와 족벌언론들의 집요한 '개딸' 낙인찍기와 공격은 바로 이런 배경에서 시작됐다. 보수우파들은 초기에는 개딸의 상징이었던 박지현 민주당 공동비대위원장의 학벌이나 출신 등을 문제 삼으며 공격했다. 그러나 박지현 씨가 '개딸'과 갈라서기 시작하자, 이번에는 그 틈을 비집고 이간질하면서 박지현 씨를 추켜세우며 그의 주장을 '개딸' 공격의 무기로 이용했다.

이 과정에서 '개딸'은 민주당뿐 아니라 한국 정치를 망치고 있는 광기 어린 팬덤을 상징하는 코드명이 됐다. 민주당 내부에서 뭔가 과도하고 잘못된 행동을 하는 사람들이 등장하면, 실제로 그들이 누구이고 어떤 사람들인지와 상관없이 '개딸'이라는 딱지가 붙었다. 여성 차별적 편견까지 결합해 혐오를 부추기면서 낙인찍었다. (반면, 보수우파와 족벌언론들은 윤석열 정부를 지지하는 일부 극우적 청년 남성 집단에 대해서는 결코 광기 어린 팬덤 정치라는 프레임을 씌우지는 않았다. 오히려 'MZ의 목소리'라고 포장해 주었다.)

여성에 대한 혐오는 서이초 교사 사건에서도 극명히 드러났다. 2023년 여름에 있었던 서이초 교사의 비극은 우리 사회에서 교사와 교육이 어떤 위기에 처해 있는지 많은 고민과 논의를 촉발했다. 민원에 시달리던 한 교사의 죽음이 이토록 큰 파장을 일으킨 것은 이 사건이 결코 개인적이고 우연적인 일이 아니라는 것을 뜻했다. 비극이 일어난 장소가 상대적으로 소득과 교육열이 높은 서초동이었다는 것부터 상징적이었다.

입시경쟁이 치열하고 부모의 학벌이나 소득이 더 높은 지역일수록 악성 민원이 더 심하다는 지적은, 입시경쟁과 학벌과 시험 성적에 따라 줄 세우는 능력주의 등의 구조적 문제를 고민하게 했다. 하지만 윤석열 정부는 구조적 문제에 대한 고민이 아니라 학생인권조례와 진보교육감에게 책임을 떠 넘기며 "종북주사파가 추진했던 대한민국 붕괴 시나리오"를 공격하는 방식으로 대응했다. 완전히 잘못된 대응의 첫 번째 흐름이었다.

구조적 문제에 대한 고민과 해결이 아니라 특정 개인이나 집단을 낙인찍고 공격하는 잘못된 대응의 두 번째 흐름은 주류 언론들에서 나왔다. 먼저 학부모 중에서 '엄마'들을 겨냥한 여성 혐오적 공격이 있었다. 남초 사이트들에서 '92년생 김지영들이 엄마가 되더니 이런 일이 일어난다'는 글이 올라오더니, 조선일보는 '맘카페에서 갑질을 주도해 지역 소아과들을 폐원시켰다'는 기사를 실으며 이런 분위기를 부추겼다.

하지만 교사들과 소통하면서 민원을 제기하는 사람의 대부분이 여성인 것은 성별적 특성이 낳은 결과가 아니었다. 가족 중에서도 여성들이 전적으로 육아와 양육을 담당하고 있는 현실이 낳은 결과일 뿐이었다. 이런 실상은 시대가 아무리 변해도 거의 바뀌지 않고 있었다. 아이에 관한 모든 문제는 언제나 모두 아내와 엄마의 책임이 되는 이러한 조건 속에서 극히 일부가 '악성 민원인'이 됐을 뿐이다.

장애인 혐오

하지만 더 큰 문제는 주류 언론들이 주도한 장애인 혐오적 공격에 있었다. 구체적 계기는 발달장애인 자녀를 둔 주호민 웹툰 작가와 특수교사 사이의 법적 공방이었다. 주호민 작가는 자기 자녀를 학대한 혐의로 교사를 고소했고 교사는 무고를 주장했는데, 많은 언론이 선정적이고 자극적인 묘사로 장애인 혐오를 부추기기 시작했다.

대표적으로 중앙일보는 "주호민 아들, 여아 때리고 속옷 훌러덩"이라는 기사를, SBS는 "주호민 아들, 여학생 뺨 때리고 바지 훌러덩"이라는 기사를 내보냈다. 뉴시스는 "주호민 아들, 초등학교 입학 때부터 여자애들 때렸다"고 보도했다. '저런 애들은 집이나 시설에 가둬야 한다'는 댓글들이 달리고 혐오성 막말들이 쏟아졌다. 여기에는 발달장애나 자폐 등으로 어려움을 겪고 있는 아동이 왜 저런 행동을 했는지에 대한 어떤 이해나 노력도 없었다.

언론은 주호민 작가와 자녀, 부인 등의 신상정보, 가족관계들을 공개하는 데도 아무 주저함이 없었다. 이런 보도 행태는 하루가 지날수록 심해졌다. 주호민 작가와 그 자녀는 일종의 괴물이나 바이러스처럼 묘사됐다. 뉴스1은 "본능에 충실한 주호민 아들, 서울 ○○초 온다"는 기사를 내보냈다. 장애아동은 "본능에 충실한" 일종의 야만인처럼 묘사했는데, 그 가족이 살던 지역은 이미 "쑥대밭"이 됐고, 이사가는 지역은 이제 "비상"이라는 식이었다.

이런 식의 혐오와 편견에 가득 찬 묘사와 보도는 소위 "누리꾼"들의 혐오성 댓글들을 낳고, 다시 그 댓글을 인용하면서 새로운 기사들이 쏟아졌다. 나아가 많은 언론은 장애아동을 교육하는 특수교사들의 고충을 알린다는 명분으로 장애아동들을 교사와 친구들을 수시로 할퀴고 때리고 아무 데서나 대소변을 보는 위험한 존재들로 묘사해 나갔다.

물론, 교육 현장에서 벌어진 모든 갈등을 무조건 가해와 피해의 관계로 설정하고, 서로를 불신하며 대화를 녹음하고, 화해와 치유보다 법적 수단으로 해결하려는 것은 일반적으로는 바람직하지 않다. 그 점에서 주호민 작가의 대응이 적절했는지 의문이 제기될 수는 있었다. 하지만 주호민 작가는 서이초 교사 비극의 책임자가 아니었다. 주호민 작가의 자녀와 특수교사 간의 문제가 과연 어떤 맥락에서 불거졌고 누구의 잘못인지 역시 쉽게 판단하기 어려웠다. 그런데도 대부분 언론은 마치 주호민 작가가 서이초 사건의 책임자인 것처럼, 주호민 작가의 자녀가 성추행범인 것처럼, 모든 발달장애인이 위험한 괴물인 것처럼 몰아갔다. 이것은 도를 넘어선 끔찍한 몰아가기였고 일종의 마녀사냥이었다. 누군가를 '죽일 놈'으로 만들어서 서이초 교사의 죽음이 낳은 분노와 슬픔을 해소하려는 서글픈 현실이었다.

무엇보다 그런 몰아가기 속에서 정작 필요한 사회적 논의는 찾아볼 수 없었다. 장애아동이 어떤 조건과 처지에서 돌발적 행동을 하게 되는지, 그런 아동을 돕기 위해서는 무엇이 필요한지, 이 나라에서 장애아동과 그 부모들과 특수교사들이 얼마나 열악한 상황 속에 놓여있는지에 관한 논의 말이다.

2022년 기준으로 한국의 특수교사 수는 OECD 평균의 3분의 1 수준이고, 특수학교 수는 OECD 평균의 4분의 1 수준이다. 장애인과 비장애인의 통합교육은 걸음마 수준이다. 따라서 장애인 자녀를 둔 부모는 특수학교라도 보내기 위해서 엄청난 경쟁을 해야 하고, 왕복 2~4시간에 걸려서 멀리 특수학교에 보내게 된 것조차 행운으로 여기게 된다.

김헌용 함께하는장애인교원노동조합 위원장은 장애아동들이 놓인 현실을 '우생학적 카스트 제도'와 비교했다. 장애가 가벼운 아이는 일반학급(브라만), 중한 아이는 특수학급(크샤트리아), 문제적인 행동이 심하면 대안학교(바이샤), 치료까지 필요하면 특수학교(수드라)로 보내지며, 어디도 가지 못하고 집에 격리된 아동은 "교육계의 불가촉천민"이라고 했다.

결국 '헬렌 켈러를 보살핀 설리번 선생도 한국에 오면 아동학대로 몰릴 것'이라는 말이 맞다면, 그 원인은 한꺼번에 헬렌 켈러 5명을 돌봐야 하는 조건에 있다고 봐야 했다. 잘못과 문제는 주호민 작가의 자녀와 같은 장애아동들에게 있지 않았다. 장애인과 비장애인의 통합교육을 위한 조건 마련과 지원에 무관심하던 사회와 국가에 있었다.

그런데도 여기저기서 낙인, 격리, 감금, 처벌이라는 해법만 튀어나왔다. 경기도 임태희 보수교육감은 "교육활동을 방해하는 학생과 학부모는 학교에서 '분리 교육 처분'을 할 계획"이라며 '금쪽이 분리 처분'을 들고나왔다. 또 일부에서는 '학교에서는 아동학대의 기준을 낮추자'거나 '너무 힘들어서 행한 아동학대는 면책하자'는 방안을 해법이라며 제시했다. 이런 사회에서 장애아동을 자녀로 둔 부모가 절망과 분노로 빠지는 것은 당연했다.

여성 연예인 괴롭히기와 사이버렉카

여성 연예인을 혐오 표적 삼는 행태의 증대도 눈여겨볼만한 사건이다. 대표적인 여성 혐오 사례는 다름 아닌 유튜버 쯔양의 사례였다. 무려 천만 명이 구독한다는 먹방 유튜버 쯔양이 4년이 넘게 전 남자친구이자 유튜브 방송의 전 대표였던 사람에게 폭력, 성폭행, 성 착취, 수십억 원에 달하는 갈취를 당해왔다는 것이 2024년 여름에 드러났다. 사이버렉카(이슈가 된 사건을 다루거나 새롭게 공론화를 진행하며 돈을 버는 유튜버)들이 이 문제로 쯔양을 괴롭혀온 사실도 밝혀졌다. 이 사건에서 몇 가지가 확인되었다.

첫째, 아무리 유명하고 돈이 많은 여성도 젠더적 위계에 따른 억압과 폭력에서 자유로울 수 없다는 사실이었다. 특히 이 사건에서 주목할 것은 여성의 피해가 또 다른 협박과 폭력의 대상이 되는 약한 고리로 작용했다는 사실이었다. 쯔양은 실장에게 성폭력과 폭행을 당했는데 오히려 그것이 알려질까 봐 겁이 나서 실장에게 더 노예처럼 끌려다니게 됐다.

그 사실을 알게 된 상황에서 사이버렉카들의 태도나 반응도 상식에서 한참 벗어나 있었다. 쯔양을 4년 동안 괴롭힌

'실장'은 '네가 약자를 괴롭히고 착취한 것을 사회에 알리겠다'는 압박을 받지 않았다. 거꾸로 '실장이 너를 괴롭히고 착취한 것을 사회에 알리겠다'는 압박을 받아 또다시 을의 처지로 전락한 것은 쯔양이었다. 여성의 유흥업소 전력이 혐오의 낙인이 돼서 협박의 빌미가 되는 사회가 이것을 가능하게 했다.

둘째, 사이버렉카의 실체를 증명했다. 대표적으로 가세연(가로세로연구소), 뻑가, 구제역, 크로커다일, 카라큘라 등이 유명했다. 이들은 이미 2022년 대선 때 민주당 공동선대위원장 조동연 씨에 대한 극악한 괴롭힘, 마녀사냥에 시달리던 여러 여성 연예인과 이선균 배우 등의 사망 사건들에서 그 치명적 해악성을 드러낸 바 있다. 하지만 그 후에도 이들은 '국가를 뒤흔드는 유튜버들'을 자처했고, 사이버렉카 연합까지 구성하며 친목을 도모하고 위력을 과시했다. 쯔양의 피해 속에서 다시 한 번 그 어두운 실체가 드러났다.

이런 맥락에서 사이버렉카 문제의 심각성을 지적하며 더 이상 이들을 두고 봐서는 안 된다는 목소리가 커졌다. 조선일보마저 "유튜브가 야수들의 돈벌이 놀이터로 전락했다"라며 사이버렉카들의 민낯이 드러났다고 비판했다. 하지만 이러한 비판이 유체이탈적 행태임은 다음의 사실이 잘 알려준다.

셋째, 사이버렉카 문제는 족벌언론이 보이는 행태를 모방해서 가장 극단적으로 발전시켰다는 데 있었다. 조선일보는 위의 기사에서 '조회 수를 올리려고 가짜뉴스나 선정적 콘텐츠를 만들기', '정의 구현이라며 연예인·정치인 등의 치부를 들춰

내기', '늘어난 조회 수와 광고로 수입 얻기', '영상을 올리지 않는 조건으로 돈 뜯어내기' 등을 사이버렉카의 문제점으로 제시했다. 하지만 바로 이런 것이야말로 족벌언론들의 전형적 행태였다. 물론 좀 더 소프트한 형태이긴 하지만, 족벌언론들은 이런 행동을 더 조직적이고 대규모로 자행했고, 여기에 문제의 심각성이 있었다. 최근 수년간, 족벌언론의 가짜뉴스와 선정적 보도에 시달리다 희생된 연예인과 정치인들은 여러 명이다. 여기에는 '언론 윤리강령과 보도준칙 위에 존재한다'는 '클릭 장사'가 있다. 족벌언론들이 보도를 이용해 기업과 광고를 거래하는 방식도 유명하다.

사이버렉카 유튜브 뒷광고와 슈퍼챗super chat은 그간 족벌언론들이 해온 클릭 장사나 기사형 광고 등과 비교하면 그나마 가벼운 수준이라고 할 수 있다. 족벌언론들의 지면에는 기사형 광고, 광고형 기사 등이 넘쳐나고 특히 조선일보는 그중에서도 최고봉이며 '기사형 광고의 맛집'이라 불리곤 했다. 더구나 사이버렉카들이 터트리는 선정적 '이슈'들을 열심히 퍼 나른 게 바로 족벌언론들이었다.

넷째, 사이버렉카 유튜버들과 국민의힘, 윤석열 정권의 연결 지점이 드러났다. 사이버렉카들은 극우 유튜버들과 연결돼 있거나 중복되는데, 이들은 국민의힘과 긴밀한 관계를 유지해왔다. 예컨대 원희룡 전 장관은 유튜브 방송 카라큘라에 출연한 적이 있고, 윤석열 대통령 취임식에도 초청받았던 가세연의 김세의는 2023년과 2024년에 국민의힘 최고위원으로 출마했다. 2023년 김세의가 국민의힘 최고위원으로 출마하는 자리에는 국민의힘 박성중 최고위원과 나중에 국민의힘 당 대표와 대선 후보로까지 출마한 윤상현 의원도 응원하며 참석했다. 이것은 윤석열 정권이 극우 유튜버들과 긴밀한 소통과 협력 관계를 유지했을 뿐만 아니라 사이버렉카들과도 교류하며 그들을 관리해온 것이 아닌가 하는 의문을 낳는다.

영화 〈아저씨〉의 아역 배우로 많은 이들의 기억에 남아 있는 김새론 배우의 사망 소식 역시 충격과 슬픔을 불러일으켰다. 2025년 초에 이 소식을 접하자마자 바로 언론과 우리 사회가 또 한 명을 죽였다는 생각이 들며 탄식이 나오지 않을 수 없었다. 비극적으로 생을 마감한 또 다른 여성 연예인 설리 씨나 구하라 씨의 경우와 다를 게 없었기 때문이다.

대중의 인기가 곧 자신의 생명이기에 언론과 사회의 시선 앞에 무조건 약자일 수밖에 없는 연예인(특히 여성)들이 언제나 그 잔인하고 지독한 마녀사냥의 제물이 된다. 김새론은 음주운전이라는 잘못을 하지 않았느냐고 묻는 사람들이 있다. 하지만 아무런 인간적 허물과 잘못이 없는 사람은 존재하지 않는 법이고, 그것은 마녀사냥의 희생양의 경우도 마찬가지다.

누군가를 나락으로 보내기 위해서 실수하기만 기다리는 것 같은 사회에서, 잘못은 반성을 통해 더 나은 사람이 될 기회가 아니다. 평생 벗어나지 못할 '주홍글씨'와 낙인이 되고, 황색언론과 가십을 즐기는 대중이 자신들의 끝없는 집단 괴롭힘의 쾌락을 정당화하는 무기가 된다. 황색언론들은 그런 스캔들 기사들을 통해서 클릭 수를 높이고 수익을 얻는다.

결국 잘못에 대해 반성과 사과를 하고 그 대가를 치르고 나서도 사라지지 않는 사회적 낙인이라는 수렁에 빠져서 허우적대던 당사자는 '내가 죽어야만 여기서 벗어날 수 있다'는 절망 어린 결론에 이르게 된다. 김새론 배우도 그랬을 것 같다.

김새론 배우는 분명 술을 마시고 가로수를 들이받은 잘못을 했지만, 그 후 반성하고 사과하고 법적 책임도 다했다. 자숙하며 활동을 중단했다가 다시 자신의 직업이며 꿈인 연기를 계속하려 했다. 하지만 모든 방송과 출연 기회와 생활을 꾸려갈 기회마저 끊겼고 모든 언행이 비난의 꼬투리가 됐다. SNS에 글과 사진만 올려도, 그것을 다시 삭제해도, 농담을 해도, 화를 내도 "관종", "병", "어그로"라는 말이 날아왔다. 이름까지 바꾸고 아르바이트 자리를 구해도 결국 찾아내 보도를 했고 해고가 됐다. 어떤 영화, 드라마, 연극에서든 아무리 작은 배역을 맡아도 찾아내서 보도하고 비난했고, 결국 계약이 취소되고 출연을 중단하고 하차하거나 촬영 분량이 다 삭제됐다.

이 모든 과정에서 앞장선 것이 바로 사이버렉카들이었다. 스포츠·연예 언론을 중심으로 황색언론들이 퍼 날랐고, 악플들이 뒤를 따랐다. 그것은 모든 피와 눈물이 말라서 사라질 때까지 계속될 인간사냥이었다. 정신과 전문의 나종호 교수는 SNS에 "잘못을 했다고 해서 재기의 기회도 없이 사람을 사회에서 매장하는 사회가 건강한 사회는 아닌 것 같다"며 "낙오된 사람을 버리고 아무 일 없었다는 듯 지나가는 우리 사회의 모습이

흡사 거대한 오징어 게임 같다"고 한탄했다.

극단적 사이버렉카들이 극우 유튜버들과 겹치는 경우가 많듯이, 이런 행태를 보이는 언론사들은 주로 돈벌이에만 급급하거나 정치적으로도 보수적인 집단에서 더 많이 찾을 수 있었다. 대표적으로 김새론 씨의 죽음 이후에 그를 추모하는 기사들을 쏟아내면서 클릭 장사를 하던 조선일보는 고인이 살아 있을 때는 그를 괴롭히는 선봉에 있었다. 조선일보의 보도를 검색해 보면 김새론 씨의 모든 언행을 계속 꼬투리 잡아서 매도하며 괴롭히던 행태를 확인할 수 있다.

8장
혐오 정치의 기획,
중국 혐오,
신극우의 성장

2025년 4월 17일 서울 광진구의 이른바 '양꼬치 골목'에서는 "짱깨, 북괴, 빨갱이들은 대한민국에서 빨리 꺼져라"라는 구호와 노래를 외치는 시위와 행진이 벌어졌다. 집회를 주최한 것은 윤석열을 지지하는 청년 극우단체인 '자유대학'이었다. 이들은 의도적으로 중국인과 중국 동포들이 많이 가는 지역을 찾아가서 인종주의적 혐오와 폭력을 선동했다.

그 직전에 진행된 재보궐선거에서 구로구청장 후보로 출마한 자유통일당 이강산 후보가 30%가 넘는 득표를 한 것도 많은 이들에게 충격으로 다가왔다. 그는 유튜브 방송에 출연해 "마약이나 범죄가 발생하고 있기 때문에 불법체류자를 추방해야 한다", "병원에 중국인 환자가 많은데 무료로 혜택을 누린다" 등의 가짜뉴스와 혐오 발언을 쏟아냈다. 그리고 구로구청장 후보를 따로 내지 못한 국민의힘은 이강산 후보를 지지하고 함께 선거운동을 도왔다. 결국 이강산 후보가 얻은 30%에는 국민의힘과 자유통일당에 대한 지지가 합쳐져 있었다.

사실 이것은 그리 놀랄 일이 아니다. 원래부터 국민의 힘은 자유통일당 같은 극우까지 포함한 정당이었기 때문이다. 국민의힘을 뭔가 '정상적인' 보수 정당이었다가 어느 시점부터 '흑화'한 것으로 평가하는 이들은 사태를 잘못 파악하고 있다. 전광훈 목사 같은 극우세력과 국민의힘은 아주 오래전부터 같은 배를 탔다가 갈라졌다가 다시 섞였다가를 상황과 조건에 따라서 반복해온 역사가 있다. 국민의힘이 좀 더 다양한 보수우파를 포괄하는 정당이기는 했지만, 둘 사이에 어떤 근본적 성격 차이나 대립이 있었다고 보기는 어렵다. 국가보안법 같은, 자유민주주의와는 아무런 상관도 없는 악법을 한사코 수호해왔고 종북몰이 마녀사냥으로 몰아서 통합진보당을 강제 해산했던 게 바로 국민의힘이었다. 이것은 전형적인 극우의 행태였다.

그리고 중국과 중국인 혐오(혐중)는 누구보다 국민의힘이 시작한 선동이었다. 통합진보당 강제 해산 사건에서 볼 수 있듯 종북몰이 마녀사냥은 이 나라 기득권 우파의 전통적인 무기였지만, 박근혜 탄핵을 거치면서 국민의힘에게는 효과가 떨어진 종북몰이를 대체할 새로운 카드가 필요했다. 바로 이 맥락에서 혐중 선동이 종북몰이의 업그레이드 버전으로 등장했다.

국민의힘은 문재인 정부를 중국을 돕고 있는 "친중정권"이라고 공격하며 정부가 추진하는 정책을 "중국식", "중국풍"이라고 낙인찍었다. 박근혜 탄핵 이후 분열하고 몰락하던 우파는 이런 방식으로 혐오 정치를 재구성하며 기반을 확장하면서 부활할 수 있었다.

특히 코로나 사태를 거치며 국민의힘과 족벌언론들의 혐중 선동은 더 강력해졌다. 2020년 총선에서는 국민의힘(당시 미래통합당) 대표 황교안이 앞장서서 코로나를 "우한 바이러스"라고 부르며 중국인 입국 금지를 요구했고, 국민의힘 일부에서는 심지어 중국인 관광객 송환까지 주장했다. 조선일보를 중심으로 한 족벌언론들은 다양한 기사들로 그것을 뒷받침했다. 극우단체들이 조직한 중국인 입국 금지 요구 시위와 행진도 등장했다. 각종 온라인 커뮤니티의 댓글 창에는 문재인 정부와 정책에 긍정적 반응을 보이는 사람들에게 "너 중국인이지?", "너 조선족이지?"라고 공격하는 댓글이 달리기 시작했다.

2022년 대선에서 국민의힘 후보가 된 윤석열은 이러한 흐름을 그대로 이어받았다. 윤석열은 대선 유세를 다니면서 "문재인 정부는 반미 친중 친북 좌파"라고 공격했다. 대선에 바로 이어진 지방선거에서도 국민의힘 경기도지사 후보 김은혜는 외국인(중국인) 투표권 축소를 주장하며 혐중 선동을 이어갔다. 이처럼 '중국인의 입국을 금지하고 중국인 관광객을 송환해라', '친중 정권에게는 이념이 국민 안전보다 중요하냐'라는 당시의 주장과 선동을 가만 생각해 보면, 국민의힘이 바로 한국판 신극우 인종주의의 근거지라는 게 드러난다.

사실 이러한 혐중 인종주의에는 복잡한 역사적 뿌리와 구조가 있다. 거슬러 올라가면 일제 강점기의 중국인 멸시 교육부터 시작해서 한국 전쟁과 냉전 시대를 거치며 공고해진 반공주의, 백인을 가장 우월하게 보고 중동과 아시아의 유색인을 열등하게 보는 위계적 인종주의, 급격하게 국력이 발전해 온 중국에 대한 견제와 경쟁 논리 등이 결합해 있다.

중국 정권과 권력 집단의 반민주적인 행태가 혐중 인종주의에 명분을 제공해온 면도 있다. 중국 정권이 실제로 홍콩과 미얀마 등에서 행한 민주주의 탄압, 강대국으로서 보여온 오만함, 아시아의 독재 정권들을 편드는 태도는 반감을 일으킬 수밖에 없었다. 문제는 인종주의적 우파와 족벌언론들이 이것을 무고한 중국인(중국동포) 이주민들에 대한 혐오를 부추기는 데 이용해왔다는 사실이다.

결국 혐중 인종주의와 선동은 이번 12·3 쿠데타에서 새롭게 나타난 것도, 전광훈과 자유통일당이 혼자 시작한 것도 아니었다. 혐오 정치는 대중의 불만과 분노가 커지는 시기에 더 극심해진다. 그런 상황에서 일부 세력은 적개심과 혐오를 부추겨서 정치적·경제적 이익을 얻는다. 그런 점에서 혐오 정치는 이익을 위한 행위일 뿐 사회 문제를 해결하는 진정한 의미의 정치가 아니다. 그저 낙인과 편견의 표적이 된 사람들만 희생양으로 만들 뿐이다. 윤석열과 극우세력의 혐중 선동으로 중국 유학생, 이주노동자, 결혼 이주여성과 그 자녀, 중국 동포 등에 대한 적대와 혐오가 커졌다. 그러나 그들은 고향을 떠나서 낯선 곳에서 힘든 삶을 살고 있는 우리의 이웃들이며, 우리가 건설 현장과 식당에서, 육아와 가사 현장에서 가장 많이 접하는 사람들이기도 하다.

이재명 정치테러의 충격과 혐오 정치 기획

한편, 2024년 초의 민주당 이재명 대표에 대한 살인미수 정치테러 사건은 혐오 정치의 폭발이라고 할 만한 끔찍한 사건이었다. 칼이 경정맥이 아니라 조금만 더 경동맥 쪽으로 들어갔다면 죽음을 피할 수 없었을 것이다. 지난 10여 년간 한국사회에서 벌어진 유사 사건들과 비교해 볼 때 우발적인 사고나 행동이 아니라 이처럼 살인의 직접적 의도를 가지고 계획적으로 벌어진 정치테러는 찾기 어렵다.

누군가를 너무나 증오한 나머지 오랫동안 살인을 계획하고 연습까지 했을 범인의 머릿속을 생각하면 아득해졌지만, 한국사회 곳곳에서 나타난 반응은 더 참담했다. 족벌언론들이나 네이버의 기사들, SNS와 댓글들을 보면 윤석열 정부와 국민의힘 지지자들 상당수는 도리어 기뻐하며 환호하고 있었기 때문이다. 혐오, 저주, 조롱의 막말들이 넘쳐나고 있었다. "자작극이고 쇼"라는 반응도 많았고, "칼이 아니라 나무젓가락"이었으며, "별문제도 아닌데 헬기까지 타고 특권을 누리고 세금을 낭비하냐"며 시비 거는 이들도 많았다. 그 속에서, 하마터면 죽을 뻔했던 이재명 대표나 그 가족들의 아픔에 진심으로 공감하는 태도는 찾기 어려웠다.

대부분 언론은 이런 반응의 문제점을 지적하기보다는 여당과 야당이 모두 대립과 혐오의 정치를 그만해야 한다는 말을 내놓았다. 범인이 오랜 보수우파 지지자라는 것이 밝혀지는 상황에서 국민의힘은 "양극단의 혐오 정치가 불러온 사건"이라며 "(어느 쪽 지지자였느냐는) 불필요한 논쟁은 지금 상황에 어떤 도움도 될 수 없다"며 물타기를 했다.

그러나 혐오 정치를 부추겨 표적이 된 사람들에게 고통을 준 이들의 책임을 사라지게 할 수는 없었다. 이 나라의 정치검찰과 족벌언론, 극우 유튜버들에 의해서 민주당 이재명 대표는 형제간의 인륜도 저버린 사람, 조폭뿐 아니라 북한이나 간첩과 손잡은 정치인, 수많은 엄청난 부정부패와 비리를 저질러왔고, 가족 전체가 범죄자들이고, 측근들의 계속되는 죽음도 압박하거나 사주한 파렴치하고 철면피하고 냉혈한 괴물 같은 사람으로 묘사되어왔다.

이런 편견과 혐오는 중도층에도 영향을 끼쳐 2022년 대선을 최악의 네거티브 선거로 만들었다. 물론, 그런 편견과 혐오는 우파 지지층 속에서는 특히 더 강력하게 형성돼 있었다. 윤석열 정권과 정치검찰, 족벌언론들이 이러한 기본 프레임과 논리를 제공했지만, 그것을 더욱 극단적 방식으로 강화하고 확산해온 것은 바로 극우 유튜버들이다.

그런데 이런 극우 유튜버들은 윤석열 대통령 당선 이후에 '공적'을 인정받아서 빠짐없이 대통령 취임식에 초청됐을 뿐 아니라 그 후에도 명절이나 국경일 때마다 대통령실의 선물과 감사 편지를 받고 있음을 툭하면 과시하며 자랑해왔다. 이것은 당연히 극우 유튜브 채널의 구독자나 우파 지지자들로 하여금 자신들의 주장과 행동이 정권 차원의 승인과 지지를 얻고 있다고 생각하게 했다.

여기서 중요한 사실은 이재명 혐오가 그것을 부추긴 권력자와 권력기관들이 이재명이라는 정치인을 원래부터 증오해서 일어난 사태가 아니라는 것이다. 사태의 원인은 오히려 혐오 정치의 기획 그 자체에 있었다. 혐오 정치는 2016년 촛불 이후부터 정치경제적 상황의 변화와 양극화 속에서 자기 진영의 위기와 분열을 해소하면서 지지기반을 유지, 결집, 확대하고 권력을 되찾기 위한 보수우파의 핵심 전략이었다.

문재인 정부가 중국에 굴종하고 북한에 퍼주고 있다는 혐중 선동과 종북몰이는 여전히 중요했다. 여성가족부와 잘못된 페미니즘 정책 때문에 남성들이 역차별을 받고 있다는 식의 갈라치기는 청년 남성들을 보수우파의 지지층으로 포섭하는 데 도움이 됐다. 장애인 운동 단체를 '시민의 출퇴근길을 볼모로 한 불법 행위자들'로, 건설노조와 노동자들을 '건폭'으로 낙인찍는 것은 윤석열 집권 초기의 시민사회운동에 대한 공세를 위한 무기로써 필요했다.

촛불 이후 등장했던 문재인 정부와 민주당이 개혁을 추진하지 못하도록 가로막고 다시 정권을 연장하지 못하도록 하는 과제의 중심에는 조국 전 장관, 윤미향 의원 등을 혐오스럽고 파렴치한 위선자와 범죄자들로 만들어가는 마녀사냥이 있었다. 예컨대 조국 전 장관은 끝없는 조롱과 비아냥에 시달렸고, 서민 교수는 윤미향 의원을 "K악마의 끝판왕"이라고 낙인찍으며 "윤미향 잡으러 갑시다"라고 선동했다.

이처럼 기획된 혐오 정치는 민주당의 유력 정치인에서 결국 대선 후보가 된 이재명에 대한 집요한 공격으로 이어졌다. 이 과정에서 족벌언론과 극우 유튜버들은 표적을 정해서 낙인찍고 집단적 공격과 괴롭힘을 선동하는 21세기판 서북청년단 같은 구실을 했다. 윤석열과 김건희를 비판하는 과정에서 민주당의 일부 지지자들과 친민주당 유튜버들이 부적절한 인신공격적 방식을 사용했다는 이유로 혐오 정치와 팬덤 정치에서는 양당이 똑같았다는 식으로 물타기할 수는 없었다.

결국 이재명 대표에 대한 살인미수 정치테러 사건은 정치검찰-족벌언론-뉴라이트 연합세력의 혐오 정치와 선동이 낳은 어떤 폭발적인, 그러나 충분히 예상 가능한 결과였다. 이 세력은 "확정적 중범죄자", "공산전체주의", "반국가 세력", "이권 카르텔", "운동권 특권세력", "개딸 전체주의" 등의 낙인을 찍으며 검찰의 칼과 언론의 펜으로 이재명을 제거하려고 총력을 다했고, 바로 이 물결에 휩쓸린 채 살인미수 사건의 범인은 직접 칼을 들고서 자신이 그것을 완수하겠다고 나선 셈이었다.

이 사건은 편견 주입과 낙인찍기 → 혐오 표현 → 차별 행동 → 증오 범죄로 나아가는 '혐오 피라미드' 현상을 다시 확인해준다. 편견을 만들어 주입하고 특정한 사람이나 집단을 증오하도록 그들에게 낙인을 찍으면, 그들이 인간으로서 존중할 가치가 없는 괴물이라는 생각은 어느 순간 그 사회의 '상식'이 되고, 누군가는 그것을 가장 극단적 수준으로 신념화하기 시작한다. 결국 그 누군가의 마음에선 '괴물'을 제거하는 직접 행동으로 세상을 구하겠다는 정의로운 결심이 서게 된다. 증오의 감정은 쉽게 전염되고, 그 전염은 결국 증오 범죄의 기폭제가 될 수 있다.

실제로 나중에 확인된 바에 따르면, 이재명을 테러한 범인은 족벌언론과 극우 유튜브를 주로 보면서 태극기 집회에도 참가했고 평소에 "문재인은 빨갱이이고 민주당의 쓰레기 같은 새끼들이 나라 망친다. 이 나라가 공산주의가 된다"는 주장을 해 온 인물이었다.

강력한 권력과 유무형의 수단을 가진 사회의 지배적 세력이 만들어낸 혐오의 소용돌이에서는 누구도 자유롭지 않고, 거기서 빠져나오기란 결코 쉽지 않은 일이었다. 이 충격적 사건 이후에도 윤석열 정부와 국민의힘과 대부분 언론은 자신들의 책임을 돌아보며 더 이상 혐오 정치에 의존하거나 방조하지 않겠다는 성찰과 변화의 태도를 보이지 않았다. 그보다는 "우리 모두의 책임", "개딸도 문제고 태극기 부대도 문제"라는 식으로 물타기를 했다.

중요한 것은 극우적 혐오 정치와 거기서 정치적·경제적 이득을 얻는 구조와 세력을 개혁하는 것이었다. 그렇지 않으면 검찰-언론-포털-유튜버-지식인들에 의해서 전 사회적 증오의 대상이 됐던 또 다른 누군가에게 또 다른 비극이 얼마든지 일어날 수 있었다. 그리고 이런 우려는 결국 윤석열의 12·3 쿠데타를 통해서 현실이 됐다.

혐오 정치 업그레이드와 차별금지법

사실, 한국사회에서 혐오와 차별에 반대해온 사람들로서는 윤석열 정부의 등장 자체가 걱정거리였다. 윤석열 정부가 들어서면 차별금지법 등 소수자 인권과 반차별에 대한 논의 자체가 사라져버리고 종북 혐오 등을 이용한 마녀사냥이 횡행하던 '이명박근혜 10년'이 재연될 것이라는 위기의식이었다. 차별금지법이 제정될 것이라는 기대가 실망으로 변해가던 문재인 정부 5년의 희망고문에 이어서, 희망조차 사라진 암흑의 5년이 올 수 있다는 걱정이었다.

이런 걱정과 우려는 당연히 현실이 됐다. 여성가족부 폐지를 공약하고서 집권한 윤석열 정부가 집권 초부터 가장 강력하게 공격했던 표적 중 하나는 장애인 차별에 맞서던 전국장애인차별철폐연대였고, 차별금지법 제정을 위한 논의는커녕 기존에 존재하던 학생인권조례나 지역인권조례들이 곳곳에서 사라지거나 개악되었다.

가장 큰 문제는 정부와 집권당의 주요 정치인들이 앞장서서 차별을 선동하고 혐오를 부추기는 현상이었다. 윤석열은 대선 후보 시절부터 "더 이상 구조적인 성차별은 없다", "차별은 개인적 문제" 등의 주장을 펼쳤다. 당시 보수진영을 대표해 서울시 교육감에 출마한 조전혁 후보는 반동성애를 주장하며 지지를 모았다. 국민의힘 하태경 의원은 대구 이슬람 사원 건립 문제에 끼어들어서 무슬림 때문에 유럽이 "살인과 테러의 온상"이 됐다며 "민주주의는 분명 일부의 이슬람에 의해 위협을 받고 있다"

라는 글을 SNS에 올렸다. 보수언론들은 불법체류자가 40만 명을 넘었고 외국인 범죄도 증가했다며 불안감을 유포했다.

이처럼 집권세력과 그 지지 세력들이 나서서 소수자, 이주민 등에 대한 차별과 편견을 확산시키는 사회적 분위기에서 우울한 소식들이 동시다발로 들려왔다. 안산에서는 좁은 빌라에서 힘들게 살던 어린 나이지리아 4남매가 불에 타서 죽는 비극이 벌어졌다. 타이에서 온 이주노동자가 10년 넘게 돼지우리 옆에서 먹고 자며 일하다가 숨진 채 발견된 소식도 충격적이었다. 대구에서는 이슬람 사원이 건립되고 있는 현장 바로 앞에 잘린 돼지머리를 전시해 놓는 폭거도 있었다.

'탈이념'을 표방하고 '거대 양당에 맞선 제3의 길'과 실용주의적 생활 정치를 주장하던 시대전환 조정훈 의원이 '최저임금을 적용하지 않는 월 100만 원의 외국인 가사도우미' 법안을 발의한 것도 놀라운 소식이었다. 노골적인 인종차별이면서 여성 노동자들의 가사노동에 대한 차별적 편견을 드러낸 것이다. 조정훈은 결국 나중에 국민의힘으로 합류했다.

우리가 생각해 봐야 할 것은 보수우파의 업그레이드된 혐오 정치일 것이다. 윤석열 정부와 국민의힘으로 이어진 이 나라의 전통적 보수우파 정치세력이 줄곧 반공주의나 지역주의를 기반으로 종북 혐오나 전라도 혐오 등을 이용해온 것은 주지의 사실이다. 그런데 지난 몇 년간에 변화가 나타났다. 여성, 성소수자, 이주민과 난민, 중국인, 무슬림에 대한 혐오도 여기에 결합되기 시작한 것이다.

종북몰이를 낡은 것으로 비판하며 이러한 새로운 혐오 정치를 주도한 것은 원래 이준석, 하태경 같은 새로운 우파 정치인들이었다. 알다시피 2022년 대선 이후 이들 사이에는 갈등과 균열이 생기기 시작했고, 그 결과 이들은 '윤핵관'에서 멀어졌다. 하지만 종북몰이 같은 기존의 의제에 머물지 않고 새로운 의제들을 결합시켜서 혐오와 차별을 부추기는 이들의 혐오 정치 기획은 달라지지 않았다. 호모 포비아나 이슬람 포비아는 이제 극우개신교의 핵심 의제로 굳어진 상황이었다. 보수우파의 본거지인 대구에서 이슬람 사원 건립 반대가 시작된 것도 상징적이었다.

새로운 버전의 혐오 정치가 기획되고 구현되는 정치적 상황에서 보수우파로서는 사회 일각의 차별금지법 요구는 용납 불가의 사안이었다. 윤석열 정부와 국민의힘의 차별금지법 제정 반대는 불을 보듯 뻔한 일이었다. 윤석열은 대선 후보 때부터 "다수자 역차별의 위헌적 요소가 있다"며 차별금지법에 반대했고, 이준석은 "이름만 좋은 법이고 독소조항이 있다"고 막아섰다. 또 다른 당 대표였던 김기현은 차별금지법이 "성경적 원리의 근본을 침해"한다며 반대했다.

국민의힘은 차별금지법 국회 공청회가 열린 2022년 5월에 극우개신교 단체들과 함께 "차별금지법이 동성애자와 이슬람 등을 특권층으로 격상시킨다"는 주장을 펴며 반대 기자회견을 열었다. 물론, 차별금지법을 결사반대하는 극우개신교 쪽의 목소리 큰 사람들은 결코 기독교인들 전체를 대표하지는 않는 소수였다. 그러나 그 줄기를 따라가 보면 우리 사회의 부와 권력을 독점한 이들과의 연결고리를 확인할 수 있다. 강남 대형 교회들은 기득권 카르텔의 일부일 뿐 아니라 우리 사회 파워 엘리트들의 사교와 친목을 위한 허브 구실도 한다.

차별금지법이 차별과 혐오를 통해서 부와 권력을 늘려온 세력의 이해관계를 위협한다는 게 문제의 본질이었다. 교육, 고용, 재화, 용역 등에서 성별, 학력, 고용 형태, 종교, 인종 등에 따른 차별을 유지하고 이용해서 이익을 얻는 이들에게 위협이 됐다는 말이다. 즉, 진정한 이해관계는 차별과 혐오를 통해서 기득권과 보수적 질서를 유지하려는 것에 있고, 종교적 논리는 그것을 포장하고 지지자들을 묶어 세우는 이데올로기일 뿐이었다. 이것이 대부분의 여론조사에서 국민의 70~80%가 찬성하는데도 차별금지법 통과가 여전히 어려운 이유이고, 윤석열 정부와 국민의힘과 주요 경제단체들이 차별금지법을 한사코 반대했던 이유이다.

물론, 국회 다수당이고 차별금지법을 발의까지 했으면서 계속 윤석열 정부와 국민의힘의 눈치를 보며 책임을 방기해온 민주당의 책임도 결코 작지 않다. 민주당의 진정한 문제는 족벌언론들이 비난하던 개혁 입법 독주가 아니라 국민의힘 핑계 대며 차별금지법 같은 개혁 입법을 거듭해서 주저하고 미뤄온 것에 있었다. 민주당에는 차별금지법을 노골적으로 반대하는 소수의 세력들(주로 호남을 기반으로 한 의원들)과 대다수의 무관심하거나 소극적인 세력들이 있었다. 그나마 차별금지법을 발의하고 추진해온 박주민, 권인숙 의원 등이 존재했지만 "노력하고 있다"는 말로 넘어가기엔 상황은 너무나 심각했고, 노력은 너무나 부족했다.

3부

12·3 쿠데타, 빛의 혁명, 신극우의 반혁명

9장
실패한 쿠데타와
국민의힘의 공모

2016년 촛불항쟁이 터져 나오고 박근혜 정권이 탄핵 위기에 처했을 때, 그것에 반대해서 거리로 나온 극우들은 "계엄령을 선포해 촛불 반란군을 진압하라"고 요구했다. 실제로 국군기무사령부는 계엄 선포와 촛불시위 진압을 검토했었다. 당시 집권 여당의 지도부였던 김무성은 그로부터 4년 후 언론 인터뷰에서 "(탄핵이) 기각되면 광화문 광장 등이 폭발할 것 아닌가. 그래서 기무사령관한테까지 계엄령 검토를 지시한 것"이라고 그 배경을 설명했다. 기무사가 준비하고 검토한 문건에는 '톨게이트와 서울 시내 10개 다리를 통제하고, 신촌과 대학로 일대에 계엄군을 주둔시키고, 포고령을 어기는 국회의원들을 집중 검거하고, 언론과 SNS를 통제하고, 시위대에 발포'하는 방안 등이 담겨 있었다.

이 문건 작성 책임자인 조현천은 해외로 도피했다가 나중에 돌아왔는데, 윤석열 검찰은 그에게 내란음모죄를 적용하지 않은 것은 물론이고, 관련자를 사면까지 해주었다. 조현천의 동기인 김용현은 윤석열 정부에서 경호처장이 됐다가 나중에 국방부 장관이 됐다.

　　　　이런 정황을 살펴보면, 2024년 12월 3일 밤에 일어난 윤석열의 쿠데타는 아주 오래전부터 검토된 것이었고, 갈수록 발전하던 반윤석열 투쟁이 2차 촛불 시민혁명으로 발전하는 것을 사전에 차단하기 위한 선제공격이었다. 이번에는 2016년 촛불혁명 당시의 박근혜 정부처럼 기회를 놓치고 후회하지 말아야 한다는 것이 윤석열 측의 계산이었을 법하다. 하루가 멀다고 터져 나오던 정권의 부패와 비리, 국정농단 속에서 대학교와 종교계로까지 들불처럼 번지던 시국선언과 매주 주말마다 수십만 명이 모인 촛불시위와 행진의 규모는 '더 늦으면 손 쓸 수 없다'는 초조감을 낳았을 것이다.

　　　　윤석열의 친위 쿠데타는, 다수 야당이 반대하면 계엄은 곧바로 해제되고, 실시간으로 모든 게 SNS에서 생중계되는데 무슨 계엄이냐라던 수많은 지식인과 자유주의적 언론들의 나이브한 생각과 태도가 얼마나 잘못된 것이었는지 입증해주었다. 이번 쿠데타가 준비가 부족하고 어설펐다는 지적도 사실과 거리가 멀었다. 윤석열 집단은 거의 1년 전부터 이것을 준비한 것으로 확인되고 있다. 2년 연속 국군의 날 시가행진을 한 것에는 이유가 있었다. 다만 정보가 새고 반대가 심할 것을 대비해 좁은 범위에서만 논의해왔고, 그것이 충분한 병력 동원을 제한하고 지휘체계 혼선을 낳아 발목을 잡은 셈이다.

　　　　하지만 이런 한계는 성공과 실패를 좌우하는 하나의 변수였을 뿐이다. 계엄 선포 직후에 국회에 전투 헬기와 장갑차,

특수부대를 투입해서 시도한 여야 정당 대표와 국회의장의 체포가 뜻대로 됐다면 쿠데타는 성공할 수도 있었다. 윤석열의 쿠데타 시도는, 쿠데타의 성공을 위해서는 철저한 보안 유지가 중요하면서도, 동시에 권력기관 내부에서 충분한 논의와 동의, 사전 조율과 행동 통일이 중요하다는 양립이 어려운 난관을 넘어서지 못하면서 실패했다고 볼 수 있다. 하지만 만일 이것에 성공했다면 어땠을까? 즉시 국회로 모인 야당 의원들, 온몸으로 군대 투입에 맞선 보좌관들, 새벽까지 국회 앞으로 달려와 투쟁한 시민과 노동자들이 가까스로 사태의 진전을 막았지만, 만일 이들의 힘이 조금이라도 밀렸다면 어땠을까?

이 중에 어떤 것도 정해진 것이 아니었다. 이 모든 사람들은 그야말로 목숨을 걸고 민주주의를 지키겠다는 마음과 용기로 역사적 반동을 막아냈다. 이재명 민주당 대표나 조국 조국혁신당 대표, 진보정당과 사회운동 지도자들이 절체절명의 순간에 사태의 핵심을 파악하며 민주주의를 지키기 위한 모든 시민의 저항을 호소한 것도 유효했다. 이재명 민주당 대표는 유튜브 라이브를 켜고 "국회가 비상계엄 해제 의결을 해야 하는데 군대를 동원해서 국회의원들을 체포할 가능성이 매우 높다"고 예측했고, 모두 국회로 와 달라고 호소했다.

집회, 결사, 파업 등의 자유를 제한하겠다는 계엄 포고문 발표 20분 만에 현대차의 자동차 부품업체가 파업 중인 노동조합에게 '계엄령으로 파업은 불법이 됐다'며 복귀를 요구한 일 역시 매우 의미심장했다. 윤석열 정권의 쿠데타는 바로 이처럼 노동조합과 단체 행동을 파괴하려는 재벌과 대기업들에 무기를 제공하기 위한 것이기도 했다는 사실을 확인할 수 있었다.

우리는 이번 윤석열의 쿠데타 시도에서 기득권 카르텔의 상당 부분이 그것을 방조하거나 동조하는 현실 역시 목격했다. 예컨대 KBS는 쿠데타가 시작되자마자 계속해서 윤석열의 계엄 선언과 계엄포고령의 내용만을 반복해서 방송했다. 마치 시청자들에게 겁을 주는 것만 같았다. 야당 대표들의 비판 목소리와 국회 앞 시민들의 항의 소식을 보도한 MBC와는 달라도 너무 달랐다.

계엄령 선포 직후 "계엄령은 괴담"이라던 조선일보도 어떤 비판적 코멘트도 없이 계엄이 얼마나 무시무시한 것인지를 해설하는 기사들만 줄줄이 내보냈다. 쿠데타의 실패가 확실해지고 나서야 계엄 비판 사설을 쓰기는 했지만, 논조는 거의 양비론에 가까웠다. "대통령 선거 결과를 인정하지 않은 채 윤석열 정부를 무력화하고 사실상 '민주당 정부'로 뒤집겠다는" 야당도 문제였다는 논리였다. 동시에 실은 칼럼들에서는 민주당이 "간첩법에 걸릴까 두려워"하면서 "국보법 폐지라는 종착지로 향하고 있다"는 주장도 폈다. 윤석열이 계엄을 선포하면서 내놓은, 민주당은 체제 전복을 노리는 반국가 종북세력이라는 논리와 똑같았다. 조선일보가 비판하고 아쉬워하는 것은 쿠데타가 아니라 철저한 준비 부족과 실패가 아닌가 싶을 정도였다.

무엇보다 심각하게 문제였던 것은 국민의힘의 태도와 역할이었다. 국민의힘 지도부와 의원들 대다수는 계엄 해제

투표에 참여하기는커녕 국회에 오지도 않았고, 당사에 머물면서 사태를 관망하며 오히려 투표를 방해했다는 사실이 나중에 밝혀졌다. 사실상 정족수 미달로 국회 투표가 무산되며 쿠데타가 성공하길 기대했다고 볼 수밖에 없었다. 이것은 당시 국민의힘이 직면한 심각한 사면초가의 위기 때문이었을 것이다. 명태균 게이트의 진실이 밝혀지면 국민의힘의 거의 모든 주요 정치인과 지난 선거 과정이 모두 부정과 조작이었다는 것이 드러나면서 당을 유지할 수 없게 될 가능성이 매우 높아지고 있었다. 따라서 자신들의 추악한 범죄 행위들을 덮어버리고 정치 생명을 지키기 위해서 윤석열의 쿠데타가 성공하기를 바라고 측면 지원한 것이 아닌가 하는 의심은 합리적인 것이었다.

 이런 의심을 확신으로 만든 것은 2024년 12월 7일 국회에서 내란수괴범 윤석열 탄핵 찬반 투표를 할 당시 국민의힘이 보여준 행태였다. 국민의힘은 당론으로 탄핵 반대를 결정했고 결국 투표를 부결시켰다. 내부 이탈자는 겨우 3명에 불과했다. 12월 14일의 국회 표결에서도 여전히 국민의힘은 탄핵 반대 당론을 유지했다. 204명의 찬성으로 가까스로 윤석열 탄핵안이 통과되긴 했지만, 국민의힘 의원의 압도적 다수인 85명은 여전히 반대 투표를 행사했다. 사실 국민의힘의 이런 행태는 별로 놀랄 일은 아니다. '사회 곳곳에서 암약하는 종북 좌파들과 이재명의 범죄를 방탄하기 위해 나라를 망치는 민주당'이라는 윤석열 계엄의 핵심 논리와 명분은 국민의힘에서 끝없이 떠들어온 것이었다.

물론, 국민의힘 친윤계와 친한계의 태도는 약간 달랐다. 하지만 둘 모두가 공유한 것은 이러다가 우리가 모두 권력을 잃고, 그간 덮어온 우리들의 각종 치부가 다 밝혀질 수 있다, 빨리 수습해야 한다는 위기의식이었다. 이들 모두는 코앞으로 다가온 대법원 판결에서 조국은 법정구속 될 가능성이 높고, 6개월 내로 이재명에 대한 유죄 판결이 나올 수 있으니 최대한 시간을 벌어야 한다는 공감대 속에서 움직이고 있었다.

한국 보수우파 정치의 뿌리와 역사

하지만 왜 국민의힘이 이런 행태를 보였는지를 이해하려면 한국 우파 정치사에 대한 훨씬 더 폭넓은 앎이 필요하다. 다시 말해, 이를 위해서는 국민의힘과 한국 보수우파가 어떤 정치적 기반 속에서 만들어졌고 누구를 위한 정책을 펼치고 실천해왔는지 그 성격과 역사를 살펴봐야 한다.

먼저 국민의힘의 뿌리는 일제의 잔재와 친일파들을 청산하고자 한 다수 대중의 열망을 짓밟고 미군정과 손잡고 등장한 이승만 정권임을 확인해야 한다. 이승만은 1948년에 제주도에서 3만여 명을 학살하면서 정권을 세웠다. "이승만 정권은 형식적 서구 민주주의로 포장된 민간독재"(최장집,《한국민주주의의 이론》)였다. 그 정권을 뒷받침한 자유당이 바로 국민의힘의 시조라고 할 수 있다. 이승만 정권과 자유당은 4·19 혁명으로 붕괴했지만, 5·16 쿠데타 이후 박정희 군부가 등장하면서 공화당으로 다시 이어졌다. 박정희 정권의 공화당은 군부와 관료, 영남에 기반한 정치인, 재벌과 대자본가들로 구성된 정치세력이었다. 그들은 민주주의와 거리가 먼 일당독재체제의 지배자들이었다.

이 정치체제는 김재규의 박정희 암살 이후에 1980년 '서울의 봄'으로 잠시 흔들렸지만, 전두환의 쿠데타와 광주 학살로 다시 힘을 회복했다. 전두환 정권에서 공화당은 민정당으로 간판을 바꾸며 재구성됐다. 결국 1987년 6월 민주항쟁 이후에야 일당독재체제가 흔들리고 무너지기 시작했다. 그 후 수많은 이합집산이 있기는 했지만, 80년대의 민정당은 민주자유당, 신한국당, 한나라당, 새누리당, 자유한국당을 거쳐서 지금의 국민의 힘으로 이어졌다.

요컨대, 국민의힘은 친일에서 친미로 변신하며 쿠데타와 민간인 학살 등을 통해서 권력을 유지해온 독재정권과 역사적 범죄자들의 후예라고 할 수 있다. 극우 반공주의 이데올로기, 재벌들과의 특별한 관계와 비자금을 통한 정경유착으로 특징지어지고, 전직 고위 군장성과 판사와 검사들이 유난히 많은 이 나라의 대표적 기득권 우파정당의 현재적 형태가 바로 국민의힘이다.

물론, 이러한 역사 속에서 여러 차례의 변신과 기반 확장이 있었다. 특히 1987년 이후 일당독재가 무너지면서 시작된 변화가 중요했다. 1990년 집권당인 노태우의 민정당과 김영삼의 민주당, 김종필의 공화당 간의 3당 합당으로 민주자유당(민자당)이 탄생한 것이 그 대표적 사례다. 이를 통해서 이 나라의 전통적 우파 정치세력은 정치기반을 확대할 수 있었다. 대구·

경북만이 아니라 부산·경남으로도 지역적 기반을 확대했고, 일부 자유주의 정치세력도 흡수했다. 민주화운동을 함께해오던 재야인사들도 이 당으로 들어가는 일이 일어났다. 오늘날 국민의힘을 보면 단지 극우 보수적 세력만으로 구성돼 있지 않은데, 바로 이러한 역사를 말해준다. 유승민으로 대표되는 온건한 보수도 있고, 이준석으로 대표되는 신우파도 한때는 이 당에 있었다. 뿌리 깊은 양당 구조 속에서 다양한 스펙트럼의 보수우파를 포괄하는 정당이기도 했다.

하지만 여전히 이 당의 핵심에는 극우 보수들이 존재한다. 더구나 이 당에 흡수된 민주화운동 출신들은 김문수, 원희룡처럼 오히려 더 강력한 극우 보수로 변신했다. 이준석 같은 신우파는 이 당이 여성가족부 폐지 등에 앞장서도록 만들었을 뿐이다.

특히 지난 대선 때 이 당에 들어간 윤석열과 정치검사 집단의 행보는 실로 놀라웠다. 이들은 이 당의 극우적 핵심 세력, 뉴라이트들과 결합해서 종북 반국가 세력 척결이라는 낡은 냉전 우파 구호를 더 강하게 되풀이했다. 그러더니 마침내 45년 전의 자신들의 선배들을 뒤따라서 계엄령과 쿠데타의 추억까지 부활시키려고 시도하고야 말았다.

다시 12·3 직후의 국민의힘으로 돌아와 보면, 이 쿠데타의 실패 과정에서 저항의 일부가 되기는커녕 은근히 그것의 성공을 기대하고 동조하던 국민의힘은 어떻게든 윤석열과 내란범들의 즉각적인 처벌을 막고, 시간을 끌면서 다시 자신들의 권력과 주도권을 회복할 것인가에만 모든 신경과 노력을 집중했다. 이 과정은 두 가지를 분명하게 확인해주었다.

첫째, 국민의힘이든 민주당이든 다를 게 없다던 소위 진보 지식인과 일부 언론들의 양비론이 얼마나 현실과 동떨어진 이야기였는지 보여주었다. 둘째, 합리적인 보수정당으로 국민의힘의 변화와 개혁을 기대하는 것이 얼마나 헛된 것인지를 보여주었다. 독재의 후예, 쿠데타와 내란의 공범인 국민의힘은 내부의 극우세력을 잘라내는 결단을 하지 않는 한, 향후 가치 있는 정치세력으로 살아남기 어려울 것이다.

12·3 쿠데타 시도는 결코 단지 김건희를 지키기 위해 술 먹고 저지른 한 밤의 해프닝이 아니었다. 쿠데타를 촉구해온 세력이 있었고, 자기 일처럼 이 기획을 함께한 세력이 있었다. 쿠데타의 성공을 바라고 응원한 세력이 있었고, 방관하며 은근히 성공을 기대한 세력이 있었다. 이 세력들은 무시할 수 없는 힘을 가지고 중요 권력기관에 기반을 두고 있었다. 더구나 마녀사냥과 여론 조작 등을 통해서 윤석열 '신검부' 정권이 탄생하는 과정에서 손을 잡았던 다양한 인물과 세력들도 존재했다. 한동훈, 이준석, 오세훈 등으로 대표되는 정치세력, 친검찰 지식인과 언론인들이 그들이다. 이들은 갈수록 분열했지만, 함께 권력을 잃고 처벌받을 수 있다는 위기의식과 공동의 이해관계로도 엮여 있었다.

10장
빛의 혁명

2024년 12월 3일 밤은 정말이지 살 떨리는 역사적인 밤이었다. 이미 권력을 가진 대통령의 국회 장악만을 시도하는 친위 쿠데타는 소수 병력이면 충분했고, 통계적으로도 성공한 경우가 훨씬 더 많았기 때문이다. 만일 그날 밤 국회의 저지가 실패했다면, 윤석열은 전체주의적 독재자가 됐을 것이다. 이미 윤석열은 정치검찰과 족벌언론 등의 뒷받침을 받고 있었지만, 그는 여기에 결코 만족할 수 없었다. 총선 패배나 이재명 무죄 석방 같은 일이 생겼으니 말이다.

윤석열만이 아니라 대부분 기득권 우파가 '이대로 갈 수는 없다'는 비슷한 위기의식을 공유했다. 조선일보는 12·3 쿠데타 다음 날에 "야당의 횡포를 비판하는 (계엄) 담화 중반까지는 고개를 끄덕였다"고 실토했을 정도다. 따라서 지금 와서 선을 긋는 태도가 아니라 12월 3일 밤과 탄핵 표결일에 보인 태도를 봐야 한다. 그 새벽에 침묵하고 있었다면, 내란수괴 혐의가 있지만 윤석열의 권력을 유지해 주어야 한다는 입장이었다면, 넓은 의미의 내란 동조자라고 봐야 한다. 설사 내심 반대했더라도, 쿠데타가 성공했다면 얼마든지 태도를 바꾸어서 독재에 부역했을 것이다. 히틀러가 내키지 않던 독일의 권력자와 자본가들도 막상 나치 체제가 성립된 후에는 대부분 그 뒤로 줄 섰다. 박정희와 전두환의 쿠데타와 군사 독재도 처음부터 기득권 세력의 만장일치 지지를 얻었던 게 아니다.

윤석열이 내세운 명분이 황당무계하다는 것도 본질이 아니다. 박정희, 전두환 쿠데타의 명분도 지금 다시 보면 너무도 황당무계하다. 오늘날 트럼프의 당으로 변신한 미국의 공화당에서 일부 지도자들이 받아들이는 큐어넌(QAnon, 트럼프 지지자들 사이에서 확산된 음모론으로 트럼프가 사탄 숭배자인 엘리트 집단[딥 스테이트]과 전쟁을 벌이고 있다고 주장한다) 식 음모론도 허무맹랑하지만 널리 수용되고 있다. 그것이 지지자들을 결속하고 정치적 목적을 실현하는 데 가장 적합하기 때문이다.

그 점에서 원인과 결과를 혼동하지 말아야 한다. 윤석열이 극우 유튜버들의 부정선거론에 속은 것이 아니라, 윤석열 세력이 극우 유튜버들을 부추겨서 부정선거론을 퍼트렸다고 봐야 진실에 부합한다. '태극기 부대'도 단순히 소외된 안쓰러운 노인들이 아니다. 태극기 부대의 지도부는 대부분 최고위 엘리트들이라는 것을 봐야 한다. 부정선거론의 선봉인 황교안은 장관, 총리, 대통령 권한대행까지 했었다.

추가로 두 가지를 더 강조할 수 있는데 첫째, 2024년 4월 총선에서 민주당과 진보적 야당들이 과반 이상의 의석을 확보해둔 것은 그야말로 천행이었다. 만약 국민의힘이 과반이었다면? 만약 제3지대를 말하던 이준석 당이나 이낙연 당 같은 세력이 국민의힘과 합쳐서 과반이었다면? 과연 신속하고 즉각적인 대응과 계엄 해제가 가능했을지 누구도 장담할 수 없는 상황이었다.

둘째, 민주당 지도부의 사전 계엄 경고와 대비가 매우 주효했다. 대부분의 사람들 그리고 언론이 "음모론", "망상"이라고 했지만 그런 경고가 마음의 준비와 대비, 즉각적 대응을 가능하게 했다. 시민들에게 "국회로 와달라"고 호소하고, 의원들이 1시간 만에 모이고, 2시간 만에 계엄 해제를 의결한 기적에는 이런 바탕이 있었다.

그러나 12월 4일 새벽, 계엄이 해제된 순간부터 윤석열이 탄핵당한 12월 14일까지도 아슬아슬한 시간이었다. 쿠데타를 시도한 내란 우두머리가 여전히 군 통수권 등 강력한 권력을 쥐고 있었기 때문이다. 무기징역으로 처벌될 가능성을 눈앞에 둔 윤석열이 이판사판이라며 어떤 짓을 할지 누구도 알 수 없었다. 김어준이 제보받은 '주요 인사 암살과 북한 소행 위장설'을 허투루 듣고 넘길 수 없던 이유였다.

이런 상황에도 12월 14일 국민의힘은 기권과 무효까지 포함해 절대다수인 96명이 탄핵에 반대했다. 8년 전 박근혜 탄핵 때보다도 훨씬 이탈표가 적었다. 이것은 곧 윤석열 쿠데타 진압에 국민의힘 의원 다수가 선뜻 동의하지 못하는 사정이 있다는 표현이었다. 정치검찰이 칼을 쥐고서 박근혜를 꼬리 잘랐던 8년 전의 상황이 되풀이될 수 없음이 그 배경이었다. 다시 말해, 윤석열의 권력 장악과 여론조작과 각종 범죄 행위 모두가 정치검찰이나 국민의힘과의 긴밀한 협력과 공조 속에 진행돼왔기에, 엄청난 피를 흘려 몸통을 죽이지는 않고 윤석열만 도려내는 식의 꼬리 자르기는 거의 불가능한 상황이었다. 그래서 검찰은 내란 사태 수사에 뛰어든 후 어떻게든 수사를 망치고 자신들의 범죄 흔적을 덮기 위해 안간힘을 썼다.

물론, 족벌언론들과 국민의힘 일부는 탄핵이 불가피하다는 것을 받아들였다. 이들은 일단 국회의 탄핵 표결과 헌재의 판결이라는 제도적 틀로 분노의 물결을 가두어놓길 원했다. 그렇지 않을 경우 거대한 물결이 쓰나미로 발전하면서 감당할 수 없는 일이 벌어질 가능성을 두려워했다. 일단은 들끓는 가마솥의 김을 살짝 빼면서 헌재의 판결을 기다리면서 시간을 벌려고 했다. 그 사이에 다시 민주당 이재명 대표의 '12개 혐의와 5개 재판'이라는 자신들이 만들어놓은 올가미를 이용해 '중범죄자와 방탄 정당'이라는 마녀사냥 프레임을 작동시키려는 속셈이었다. 투쟁의 중심축인 민주당의 머리와 팔다리를 그렇게 묶어놓으면서, 한동훈이나 이준석 등을 새로운 보수우파의 지도자로 내세우고 권력을 연장하려는 것이 노림수였다.

한국사회는 반세기가 넘는 군부독재와 일당독재 속에서 형성된 기득권 우파와 권력의 카르텔이 매우 뿌리 깊게 자리 잡고 있었고 지금도 그렇다. 1987년 이후 독재에서는 벗어났지만, 기득권 우파는 여전히 정치적·경제적 권력의 핵심부에 있다. 여기에 중대한 타격을 가한 것이 2016년 촛불혁명이었지만, 그 후 기득권 카르텔은 정치검찰과 족벌언론을 중심으로 재결집했고, 권력을 되찾았다. 이들은 2016년 같은 일이 벌어져 또다시 권력을 놓치는 일은 무슨 수로든 막아야 한다는 생각으로 필사적이었고, 그것이 윤석열 12·3 쿠데타의 배경이었다. 윤석열의 내란 사태는 전 세계적인 극우 정치세력의 득세 속에서 나타난 현상으로서 결코 만만한 싸움이 아니었다. 얼마든지 상황은 역전될 수 있었다.

빛의 혁명, 그 찬란한 등장

그러나 '빛의 혁명'이 있었다.

12·3 쿠데타 이후에 펼쳐진 윤석열 탄핵과 구속을 요구하는 거대한 시민 투쟁의 물결이 있었다. 이 '빛의 혁명'의 주요 구성원들이 2030 여성들이라는 것은 여러 통계와 경험적 사실들로 확인됐다. 많은 이들이 민주주의를 지키려는 2030 여성들의 기여와 활약에 적지 않게 감동했다. 분명 이들은 역사적인 기록으로 남을 이번 투쟁에 크게 기여했다.

이들의 참가와 주도성은 '빛의 혁명'을 활력 넘치는 축제처럼 만들어서 더 많은 이들이 함께하도록 길을 넓혔다. 성소수자, 장애인 등이 참가해서 다양한 목소리를 낼 수 있는 분위기를 만들어내기도 했다. 더구나 상당수의 2030 여성들은 윤석열에 맞서 민주주의를 지키는 투쟁에만 머물지 않고, 이후에 남태령에서 농민들과 연대하는 행동, 장애인 이동권을 위한 투쟁, 차별금지법 제정을 요구하는 시위, 팔레스타인과 연대하는 집회 등에도 적극 참가하면서 다양한 쟁점과 요구들을 서로 연결시키려 했다.

정치적으로 무관심하다던 청년, 더욱 차별받고 있던 여성들이 투쟁에 앞장서는 모습은 감동과 찬사를 불러왔다. 물론 시대와 지역을 막론하고 어떤 역사적인 격변의 현장에서도 청년들이 행동의 주체가 되는 경우는 흔하다. 그런데도 이번에 2030 여성들의 참가가 두드러진 이유는 같은 세대 남성에 비해서 훨씬 더 적극적이었기 때문이다. 예컨대 서울시 생활인구 데이터를 기반으로 분석된 집회 참여 통계에 따르면, 2024년 12월 7일 국회 탄핵안 표결 당시 여의도 집회 참여자 가운데 20대 여성은 18.9%로 그 비율이 가장 높았고, 30대 여성도 10.8%였다. 반면, 20대 남성은 전체의 3.3%, 30대 남성은 5.3%에 그쳤다.

이러한 극명한 차이를 어떻게 설명할 수 있을까? 청년 여성들은 윤석열 정부의 여성가족부 폐지 등의 여성 차별적 정책에 분노해왔고, 정보 접근성이 높고, 다양한 방식의 소통과 공동체 문화에 익숙하다는 분석이 나왔다. 그 근거로서 독서 인구에서도 청년 여성들의 비율이 매우 높고, K팝 팬이나 야구 팬 중에서도 청년 여성들이 훨씬 큰 비중을 차지하고 있다는 것 등이 제시됐다. 반면, 청년 남성들은 정보 접근성도 떨어지고 독서나 콘서트보다는 게임 등에 치중하면서 소통과 공동체 문화보다는 개별화가 더 특징적이라는 주장이었다.

이런 분석도 일리는 있다. 하지만 좀 더 긴 시야에서 큰 그림을 봐야 실재가 잡힌다. 2008년 촛불시위나 2016년 촛불혁명과 비교해 '빛의 혁명' 과정에 청년 여성들의 참가가 크게 증가했다고 볼 수는 없다. 세 시기에 있었던 대표적인 대규모 집회의 참가자 구성을 비교한 BBC 분석을 보면, 청년 여성의 비율은 거의 그대로이거나 약간 늘어난 수준일 뿐이다. 반면, 청년 남성 참가자 비율은 극적으로 감소했다. 2008년에는 13.7%, 2016년에는 12.3%였던 20대 남성의 참여율이 이번에는 거의 1/4이나 줄어들었다.

그렇다면 청년 여성과 대비되는 청년 남성의 정치적 선택과 행태를 어떻게 이해해야 할까? 이 주제는 결코 간단한 주제가 아니다. 이 주제에 관해서는 18장에서 자세히 논하겠다.

11장
반혁명, 1·19 폭동,
윤석열 석방 사태

2025년 1월 초, 공수처의 윤석열 체포 1차 시도가 있었지만, 끝내 불발되었다. 많은 이들의 '내란성 불안 증세와 불면증'은 깊어만 갔다. 내란수괴 윤석열의 사병이자 보디가드로 전락한 경호처의 행태에 분노가 폭발했지만, 동시에 우유부단한 공수처에 대한 분노와 불신도 적지 않았다. 물론 가장 큰 분노의 화살은 마치 궁지에 몰린 남미 마약 카르텔의 두목이나 사이비 종교 교주 같은 모습으로 버티고 있던 윤석열로 향했다.

윤석열과 내란공범들의 행태는 최상목 권한대행과 모피아(Mofia, 기획재정부Ministry of Finance와 마피아Mafia를 합친 조어로, 경제 관료 집단의 막강한 영향력을 비판하는 용어) 등 고위 관료들, 국민의힘, 족벌언론들의 도움으로 가능한 것이었다. 이들 모두는 윤석열의 체포와 구속을 막거나 늦추면서 헌재의 탄핵 심판 결정이 지연되도록 다양한 도움을 주었다. 최상목 권한대행은 내란 특검법에 거부권을 행사했고 경호처의 윤석열 체포 방해를 오히려 도왔다. 국민의힘은 내란 특검법 등을 모조리 부결시켰을 뿐만 아니라 한남동으로 달려가 윤석열을 감싸며 자신들이 해산당해 마땅한 '내란의 힘'이라는 것을 거듭 확인해주었다.

이들은 족벌언론들을 중심으로 온갖 가짜뉴스를 퍼트리며 반격을 시도했다. 대표적인 가짜뉴스는 국회 탄핵소추단이 공소장에서 내란죄를 철회했으므로 탄핵은 법적으로 무효가 됐고, 국회에서 재의결해야 한다는 주장이었다. 공수처의 윤석열 체포 시도와 법원이 발부한 영장은 법적으로 문제가 많아서 위법하다는 주장도 했다. 이것은 다시 이 모든 게 이재명의 사법 리스크를 덮으려고 민주당이 무리수를 두면서 벌어진 일이고, 이에 대한 반발로 국민 여론이 바뀌며 윤석열과 국민의힘 지지율이 급등하고 있다는 가짜뉴스로 연결됐다. 이런 여론 조작용 뉴스들이 족벌언론, 포털, 유튜브 등으로 여기저기 퍼 날라지면, 거기에 또 온갖 이상한 댓글들이 달렸다. 그런 댓글들은 또 조직적인 '공감' 누르기 속에서 최상단의 추천 댓글로 올라갔다. 그런 댓글은 윤석열을 찬양하고 민주당과 야당들을 비난하는 내용 일색이었다.

무엇보다 우려된 것은 윤석열의 극우 결집 선동 속에서 갈수록 목소리가 커지고 극단화되는 극우 유튜버들과 태극기 부대의 행태였다. 이들은 윤석열 지지자들 속에서 공포와 혐오를 부추기며 이재명과 주사파가 중국과 손잡고 내란을 일으켜 나라를 공산화할 것이라는 황당무계한 음모론을 펼치면서 폭력적 충돌을 유도했다.

더 우려스러웠던 것은 이러한 극우 행동대(이른바 '아스팔트 극우')에 일부 청년 남성들이 동참하는 경향이었다. 고령

노인들에 의존해온 약점을 벗어나기 위해서 극우 지도부는 이 경향을 의식적으로 부추겼다. 태극기 집회를 관찰해 보면, 무대에 청년 남성 연설자들을 계속 올리는 것을 볼 수 있었고, 반페미니즘으로 악명 높은 신남성연대 같은 청년 극우단체가 전광훈 목사 쪽과 공개적으로 협력하며 융합하는 흐름도 나타났다. 심지어는 윤석열 체포 저지를 위한 '백골단'(반공청년단)까지 등장해서 사회적인 충격을 주었다. 젊은 남성들로 구성된 이들은 헬멧과 '멸공봉'으로 무장했고 특전사 출신 인사 등에게서 훈련과 지휘를 받고 있다고 했다. 군사독재 시절에 민주화 시위대를 폭력 진압하던 백골단뿐 아니라 해방 공간에서 악명 높던 서북청년단까지 연상시켰다. 극우가 폭력 행동으로 나서는 경향은 이후에도 계속됐는데, 극우 유튜버와 극우 행동대들의 뒤에 보수우파-정치검찰-족벌언론-재벌로 연결된 기득권 카르텔의 지지와 지원이 있었기에 가능한 일이었다.

극우 행동대가 어디까지 할 수 있는지가 확인된 것은 1월 19일 밤이었다. 1·19 서부지법 폭동은 엄청난 사회적 충격을 줬다. 폭도들은 경찰과 기자들을 집단 폭행했고, 차량과 기물을 파손했고, 지나가는 사람을 붙잡고 '중국인이냐'고 겁박했다. 자기들끼리도 서로 '프락치'라고 지목하며 폭행을 자행했고, 결국에는 법원을 침탈하고 점거해서 아수라장을 만들었다. 폭도들이 대부분 청년(남성)들로 보인 것도 섬뜩한 부분이었다. 폭동 참가자들이 서로 수신호를 주고받으며 CCTV 관제실로 가서 증거 인멸을 시도하는 등 조직적으로 행동한 것도 의심스러운 정황이었다. 이런 상황과 장면들은 영화 〈조커〉에서 아서 플렉이 생방송 중의 살인으로 경찰에 체포되니 이에 흥분한 군중이 일으킨 폭동 장면을 연상케 했다.

한국형 파시즘의 진화, 그 간략한 역사

이 모든 것은 윤석열의 12·3 쿠데타가 전 세계적인 극우와 신파시즘 득세의 일부였음을 확인해주었다. 1930년대 히틀러 나치즘의 형태나 양상과 비교하면서 오늘날의 파시즘을 외면하거나 과소평가하는 사람들은 사태의 심각성을 간과하는 것이다. 파시즘은 시대와 지역에 따라서 항상 서로 다른 형태로 등장해왔다. 나치 수용소에서 살아남았던 프리모 레비는 이렇게 지적했다. "파시즘은 히틀러와 무솔리니 이전에도 존재했고, 분명한 형태로 혹은 가면을 쓰고 제2차 세계대전 이후에도 계속 살아남아 있다. 세계 어느 곳에서든지, 인간의 기본적인 자유와 평등을 부정하는 것을 용납하기 시작하면, 결국은 수용소 체제를 향해 가게 된다."(프리모 레비, 《이것이 인간인가》)

지난해 작고한 재일조선인 학자 서경식도 한국사회에서 파시즘이 등장할 위험을 지적한 적이 있다. 그는 이렇게 썼다. "이 나라 사람들이 식민 지배의 비애와 굴욕을 경험한 것은 불과 60년 전의 일이다. 해방 후에는 학살과 내전의 비극을 겪었고, 군정에 의한 폭력은 불과 15~16년 전까지도 계속되었다. (…) 지금도 사회의 곳곳에, 또 사람들의 마음속에 불길한 징후가 존재한다."(프리모 레비, 《이것이 인간인가》)

파시즘은 정해진 형태가 있거나 완성된 형태로 등장하는 게 아니다. 오히려 파시즘은 진행되는 과정이나 운동이며, 한국도 결코 그 위험에서 벗어나 있지 않다. 우리는 지난 수년에 걸쳐 윤석열과 국민의힘을 지지하던 이들 중의 일부가 부정선거 음모론에 동조하는 것을 목격했다. 검찰-언론의 '연성 쿠데타'가 12·3 '강성 쿠데타'로 이어진 것도, 백골단이 등장하고 법원이 습격당하는 장면까지 목격했다.

한국형 파시즘은 '천황제 파시즘'과 군국주의 일본의 식민지 시절에서 그 기원을 찾을 수 있다. 해방 후에도 파시즘의 잔재는 남아 있었다. 예컨대, 이승만 정권이 세워지는 과정에서 제주도 4·3 학살을 저지른 서북청년단 등은 파시스트 행동대의 전형이었다. 폭력과 공포 본능에 기초한 파시즘 정치는 만주군 출신의 박정희가 일본 군국주의 모델을 그대로 가져와 군사독재를 확립하는 과정에서도 재현되었다.

물론, 박정희와 전두환으로 이어진 오랜 군사독재와 일당독재 기간에 한국형 파시즘은 국가가 주도하는 전체주의의 외피를 갖추고 있었다. 대중운동으로서 신극우의 등장과 발전은 역설적이지만 1987년 민주화 항쟁이 낳은 결과였다. 한국자유총연맹, 바르게살기운동중앙협의회 등은 모두 1980년대 말에 만들어졌다.

그리고 이들이 본격적으로 '아스팔트 우파'로 발전한 것은 노무현 정부 중반부터였다. 이명박 정부와 박근혜 정부는 국정원과 전경련 등을 통해서 이들을 정치적·재정적으로 지원하며 육성하는 데 큰 관심을 보였다.

그 결실은 박근혜 정부가 2016년 촛불혁명으로 무너지고 나서부터 나타났다. 그때부터 극우 태극기 부대가 한층 거세게 거리로 쏟아졌고, 문재인 정부 5년 내내 매주 광화문에서 집회와 행진을 하면서 몸집을 불려갔다.

특히 2019년 소위 '조국 사태'가 결정적 전환점이 됐다. 이것의 본질은 촛불혁명에 대한 반혁명이고 검찰-언론의 연성 쿠데타였다. 이준석이 '공정'과 '반페미니즘'이라는 무기를 들고 청년 남성들 속으로 파고든 것도 바로 이 시기였다. 문재인 정부 말기에는 광화문을 장악한 태극기 부대와 함께 반페미니즘 구호를 외치며 강남역을 행진하는 신남성연대 같은 청년 극우들도 나타나기 시작했다. 조국 사태를 통해서 우파의 지도자로 떠올라 국민의힘 대선 후보까지 된 윤석열은 태극기 부대와 청년 극우들을 모두 통합 관리하며 자신의 정치기반으로 삼았다. 윤석열이 2022년 대선 운동 막바지에 SNS에서 "멸공"과 "여성가족부 폐지"를 올리며 지지층을 결집한 것은 이것을 상징하는 장면이었다.

극우 유튜버들과 극우단체들은 윤석열 정부가 출범한 후에도 대통령 시민사회수석실과 긴밀히 소통하며 협력했다. 실패한 12·3 쿠데타 이후, 이제 윤석열은 필사적으로 이들에 의존하면서 폭력과 파괴를 선동하는 데 올인했다.

이들의 행태는 어떻게 가짜뉴스와 혐오 선동이 폭력과 테러로 발전하게 되는지 교과서적으로 보여주었다. 이들은 극우 유튜브와 언론, 포털 댓글 등을 통해서 중국과 연결된 이재명과 종북좌파가 부정선거를 자행하며 나라를 망치고 있고, 평화적인 계엄으로 그것을 막으려던 윤석열 대통령은 불법적 탄핵에 직면해 있다는 '대안적 진실'을 꾸준히 전파해 나갔다.

이런 논리와 정보를 끝없이 접하던 우파 지지자들 내부에서 확증편향이 강해지고, 다른 목소리는 갈수록 사라지게 됐다. 다수의 의견에 동조하면서 지지자들의 생각은 확신과 신념으로 변해갔고, 그들 내부에서도 극단적 목소리가 더욱 힘을 얻게 됐다. 그럴수록 이재명과 종북좌파에 대한 혐오는 증오를 넘어서 살기에 가까운 형태로 발전해갔다.

반면, 윤석열은 박해받는 순교자처럼 묘사되면서 엄청난 동일시와 감정 이입이 벌어졌다. 이것은 사이비종교에서 많이 볼 수 있는 현상인데, 실제로 지금의 극우 운동은 개신교 극우주의나 일부 이단 종파들과도 연결돼 있다. 전광훈 목사 같은 카리스마적 우파 지도자는 종교적 광신과 극우 정치를 기괴한 방식으로 결합했다.

이 모든 것은 한국형 신파시즘과 극우 운동에서 반중국 인종주의, 반공주의, 여성 혐오, 소수자 혐오, 장애인 혐오, 무슬림 혐오, 시장지상주의에 폭력적 욕망이 뒤섞인 반동적 혼합물을 창조했다. 그것은 탄핵 기각으로 돌아온 윤석열이 제2의 건국을 할 것이라는 디스토피아적 믿음이었다.

그리고 이들은 더 넓은 보수우파와 분리될 수가 없었다. 조국 조국혁신당 전 대표도 얼마 전 감옥에서 보낸 편지에서

"'아스팔트 보수' 세력은 눈에 보이는 지지집단이다. 그 뒤에는 전현직 고위 공무원·군장성·교수·언론인 등의 거대한 수구 기득권 세력이 있다"고 지적했다. 실제로 폭동으로까지 발전한 극우 운동은 최상목 권한대행, 대통령실, 국민의힘, 족벌언론들의 방조와 직간접적 지원 속에서 펼쳐졌다. 국민의힘-재벌-족벌언론으로 연결된 기득권 카르텔은 불평등과 사회적 양극화를 낳는 정책을 통해서도 극우 운동이 발흥하고 성장할 조건을 뒷받침했다. 불평등의 심화는 불만과 분노로 가득 찬 사람들을 만들어냈고, 극우 운동은 그들에게 혐오와 폭력이라는 배출구를 제시했다. 요컨대, 기득권 카르텔이 쥐구멍을 만들었고, 그 쥐구멍에서 극우 운동이라는 쥐가 나타나고 있는 셈이었다.

다만 1·19 폭동은 극우 운동의 패배, 고립, 분열 속에서 나타난 일이었다. 함께 손잡고 윤석열 정권을 만들었던 한동훈, 이준석 등의 정치인과 족벌언론들은 윤석열과 선을 긋고 포스트 윤석열 상황을 준비하고 있었다. 윤석열과 국민의힘뿐 아니라 극우 유튜버들의 대부분도 1·19 폭동을 적극 옹호하지는 못했다. 통제를 벗어난 폭동은 '백골단'보다 더한 극우의 자책골이 될 가능성이 높았다. 윤석열 탄핵과 형사 처벌이 뒤집히지 않는다면 극우 운동은 당분간 고립되고 분열될 가능성이 높다.

다만 2021년 의사당 폭동 이후 4년 만에 다시 트럼프가 재집권하게 된 미국과 2022년 대선 패배와 쿠데타 실패 이후에 망명했던 보우소나르가 다시 힘을 회복하고 있는 브라질을 살펴볼 필요가 있다. 우리는 쿠데타에 실패한 윤석열이 지저분한 발버둥을 치면서 그 추악한 민낯이 드러난 극우 운동이 작금의 위기를 벗어나 부활할 가능성을 잊지 말아야 한다. 윤석열이나 전광훈이 사라져도 극우 운동은 또 다른 지도자를 세우며 부활을 노릴 것이고, 12·3 쿠데타와 1·19 폭동보다 더한 아수라장을 만들어낼 가능성도 배제해서는 안 될 것이다.

윤석열 석방 비상사태

2025년 3월 7일과 8일, 우리는 이틀 연속으로 '빅엿'을 먹었다. 많은 전문가들이 '윤석열의 구속 취소 청구가 받아들여질 리는 절대 없다'고 했다. 하지만 청구를 받아들이고 한 달 동안 침묵하던 지귀연 재판부는 돌연 그것을 받아들였다. 그러자 이제 전문가들은 '검찰이 이 결정에 항고 안 할 리는 절대 없다'고 했다. 하지만 검찰은 끝내 항고하지 않았다. 윤석열은 웃으며 손을 흔들고 감옥을 나와 다시 한남동 극우들의 요새로 되돌아갔다.

이런 상황을 위해 애쓴 것은 전광훈, 전한길, 손현보와 거리의 극우들만은 아니었다. 한덕수, 최상목, 국민의힘, 조선일보와 주류언론 등은 12·3 이후 3개월 동안 사사건건 내란 진압의 발목을 잡았다. 검찰은 윤석열 체포와 구속 과정에서 계속 공수처와 엇박자를 냈고, 윤석열 구속 이후에는 굳이 구속 연장을 신청해 시간을 허비했다. 공수처로 공을 던지며 윤석열 기소를 계속 미루다가 막판에 갑자기 검사장 회의를 소집하면서 또 하루를 까먹었고, 결국 윤석열 석방의 빌미를 만들어냈다.

세 번이나 영장을 기각하며 경호차장 김성훈을 감싸고 비화폰 수사를 막은 것도 심우정의 검찰이었다. 법을 창조하다시피 하며 난데없이 윤석열 구속 취소를 판결한 지귀연 판사의 의도도 매우 의심스러웠다. (윤석열의 손을 들어준 지귀연 판사는 과거에도 이재용 삼성 회장의 19개 혐의에 무죄를 내렸고, 김건희 주가조작 공범에게 솜방망이 판결을 내렸다. 반면, 그 대상자가 개혁적 야당 정치인이나 힘없는 노동자나 소수자일 때는 그저 편리한 관행에 따를 뿐이었다.) 우리 사회 최고의 엘리트라는 보수적 사법부와 법조 카르텔이 신경 쓰고 겁내는 것은 기득권 권력자들의 목소리라는 게 노골적으로 드러났다.

그래서 전광훈은 서부지법 폭동 이후에도 몇 달간 아무런 제약도 없이 또 다른 폭력과 내란을 공공연하게 선동하고 다녔고, 우리는 그 초현실적 모습을 매일같이 지켜보면서 도무지 납득할 수가 없었다. 2025년 초에도 한남동에서 한 달 동안 윤석열, 총을 든 무장 경호원들, 극우세력이 보여준 무법 난동을 우리는 치 떨리는 악몽으로 기억한다.

결국, 12·3 쿠데타는 망상에 빠진 윤석열과 충암파들의 돌출 행동이 아니었다. 윤석열은 검찰, 주류언론, 사법부, 관료기구, 재벌 등으로 연결된 기득권 카르텔의 정점에 있었고, 그들과 한 무리를 이루고 있었다. 따라서 12·3 쿠데타를 사전에 알고 직접 모의했는지를 떠나서, 그들 중 대부분은 윤석열이 집권 전후에 저지른 범죄나 '내란 중요임무 종사와 부화수행'의 책임에서 완전히 자유로운 신세는 아니었다. 더구나 12월 4일 새벽에 한덕수, 최상목, 심우정과 검찰, 대법원 등이 보인 어정쩡한 태도와 행보에 대한 풀리지 않는 의문들은 그 후 벌어진 사태의 많은 부분을 설명해주고 있었다. 집권 여당, 내각, 검찰, 사법부, 각종 국가기구에는 여전히 윤석열이 임명하고 그에게 충성하던 자들이 그대로 수뇌부에 남아 있었다. 이들은 헌법재판관 임명, 내란죄나 윤석열 부부의 범죄를 밝히려는 특검법, 개혁적 입법과 정책들을 모조리 가로막았다. 그러다가 윤석열 석방 소식이 날벼락처럼 찾아왔다. 과거 프랑스 혁명에서 당통은 "단호해야 하고, 더욱 단호해야 하고, 언제나 단호해야 한다"고 충고했다. 생쥐스트는 "혁명을 절반만 하는 사람은 스스로 무덤을 파는 것"이라고 경고했다. 우리 자신이 충분히 단호한지, 우리 스스로 무덤을 파고 있는 건 아닌지 우리는 우리 자신을 계속 돌아봐야만 했다.

윤석열은 검찰-언론의 소프트 쿠데타(1차)로 권력을 잡았고, 친위 군사쿠데타(2차)가 실패해 감옥에 갇혔지만, 사법쿠데타(3차)를 통한 석방, 복귀 가능성은 사라지지 않았던 셈이다. 2차 쿠데타와 3차 쿠데타의 사이, 정말로 놀라웠던 것은 광화문과 여의도에 모인 극우 아스팔트 대중의 규모가 아니었다. 우리 사회에서 가장 큰 부와 권력을 가진 최상층부 엘리트들이 스스로 본색을 드러내며 온갖 수단과 방법으로 폭력과 혐오를 선동하던 장면들이었다.

12장
힘겨웠던
쿠데타 진압

　　　　윤석열 석방을 보면서 우리가 느낀 것은 물론 분노였지만, 공포이기도 했다. 많은 이들이 그 뉴스를 보고 가슴이 철렁했고 손발이 떨렸다. 계엄, 군정, 독재, 학살 (…). 지금 윤석열과 공범들은 앉아서 헌재 판결을 기다리는 게 아니라 다시는 실패하지 않을 군사적 반란을 준비하고 조직하고 있는 것은 아닐까, 불안을 떨치기 어려운 상황이었다. 윤석열은 석방되었고, 전광훈을 수사하던 경찰은 좌천 발령됐고, 내란 당시에 국회를 봉쇄하고 무력화시키는 일에 적극 가담한 자들은 일선 경찰서장으로 대거 전진 배치되고 있었다.

　　　　이런 상황에서 이재명 민주당 대표의 공직선거법 위반 2심 무죄 판결 소식(2025년 3월 26일)은 반윤석열 민주주의 투쟁의 중요한 승리가 아닐 수 없었다. 왜냐하면 끝없는 악마화를 통한 이재명 포비아가 오랫동안 윤석열과 극우세력의 핵심 전략이고 무기였기 때문이다.

　　　　이재명 악마화는 기득권 카르텔에게 다목적 카드였다. 혐오와 공포를 부추겨 우파와 그 지지자들을 최대한 결집시키는 것, 제1야당과 그 지지자들을 위축시키고 서로 분열시키는 것, 진보정당들과 민주당이 협력하지 못하도록 갈라치는 것, 여기나 저기나 다 똑같다는 정치 혐오를 통해 중도층을 정치 무관심층에 묶어두는 것 등이 모두 이재명 악마화라는 핵심 고리를 통해 연결됐다. 그 고리만 잡아당기면 그물 전체를 움직일 수 있었다.

  왜 이재명 대표가 표적이 됐는지에 대해서는 의문이 있을 수 있다. 원래부터 악마화와 마녀사냥은 이 나라 기득권 카르텔의 핵심 무기이지만, 주로 '종북'으로 낙인찍기 쉬운 제도권 밖 진보단체와 활동가들이나 민주당에서도 개별적 의원들이 표적이 돼왔다. 하지만 지난 10년을 돌아보면 이석기 통합진보당 전 의원에서 조국 전 법무부 장관, 윤미향 전 의원 등으로 표적은 확대돼왔다. 급기야 당원이 수백만이고 국회 과반 이상을 차지한 제1야당의 대표이자 유력 대선 주자인 이재명까지 표적이 되었다. 이것은 재야 시절의 김대중 전 대통령이나 퇴임 이후의 노무현 전 대통령과 비교할 때 그것과 비슷한 수준이거나 그것을 뛰어넘는 점까지 있었다.

  거대 주류정당까지 공격하고 그 지도자를 제거하고 싶어 한 것은 분명 무리수였지만, 윤석열과 기득권 카르텔을 반대하는 정서와 운동의 중심에 민주당과 그 지지자들이 있었으니 자연스럽기도 했다. 동시에 이재명 대표는 민주당에서 '변방'의 비주류였고 상대적으로 '좌파'적인 정치인이었다. '정상적인' 학벌과 배경을 가지고 엘리트 코스를 밟은 게 아니라 가난한 집안에서 자란 소년 노동자 출신이자 인권 변호사로 사회운동을 하다가 정치인이 된 인물이었다. 기본소득과 '억강부약' 등을 강조하면서 족벌언론들과 적대적 관계를 형성해 왔다는 것도 기득권 카르텔에는 본능적 거부감을 가져왔을 법하다.

따라서 윤석열과 기득권 우파의 이재명 대표에 대한 공격을 두고 적대적 공생관계에 있는 양 세력의 권력 다툼이라면서 '이재명은 실제로는 진보나 좌파도 아니기 때문에 어느 쪽을 편들 이유가 없다'던 상당수의 지식인과 진보언론은 주관적 판단과 객관적 현실을 혼동한 셈이었다.

대표적인 마녀사냥인 19세기 후반의 드레퓌스 사건에서도 프랑스군 장교 드레퓌스는 노동자도 진보 정치인도 아니었다. 드레퓌스는 포병 대위로서 프랑스의 상류층이었고, 당시 프랑스의 많은 좌파들도 '이것은 부르주아들끼리의 다툼이니까 노동자들은 어느 쪽을 편들 필요가 없다'는 입장이었다. 하지만 소설가 에밀 졸라나 사회당 지도자 장 조레스 같은 이들의 태도는 달랐다. 그들은 사회 전체가 마녀사냥에 휘말리는 와중에도 용기 있고 단호하게 드레퓌스의 편에 섰다.

그래도 프롤레타리아가 문제 되지는 않으니 부르주아의 일은 부르주아들이 하게 내버려 둡시다, 하는 친구들에게 답하겠다. 만약 드레퓌스가 불법적으로 선고를 받았고 이제부터 내가 밝히는 대로 무고하다면 그는 더 이상 장교도, 부르주아도 아니며 극심한 불행으로 모든 계급의 특성을 빼앗긴 한 인간이다. 그는 상상할 수 있는 최대의 비참함과 절망에 처한 인간일 뿐이다. 그는 다만 군사적 거짓말, 정치적 비열함, 권위적 범죄의 산 증인이다. (노서경,《의회의 조레스, 당의 조레스, 노동자의 조레스》)

이재명을 악마화하고 제거하는 게 자기들의 특권과 권력을 지키는 데 효과적이고 중요하다는 것을 누구보다 기득권 카르텔 자신이 잘 알고 있었다. 그래서 그들은 모든 수단과 방법을 동원해서 그것을 이루려고 했고, 이재명 대표는 몇 번이나 죽을 고비를 겪었다. 검찰이 구속영장을 청구하고 국회에서 체포동의안이 통과됐을 때, 실제 살인미수 정치테러를 당해서 쓰러졌을 때, 12·3 쿠데타에서 체포와 수거 명단의 제1순위가 됐을 때….

공직선거법 2심 재판은 이재명에게 또 하나의 고비였다. 유죄가 나올 경우 이재명의 정치 생명은 그것으로 끝날 가능성이 높았다. 그랬다면, 반윤석열 민주주의 투쟁의 사기와 정당성 역시 약화했을 것이다. 이미 탈옥 상태인 내란수괴 윤석열을 어떻게든 다시 권력의 최정점에 복귀시키고 더 끔찍한 제2의 쿠데타를 시도하려던 세력의 자신감은 더욱 높아지고 그들의 시나리오는 중요한 모멘텀을 얻게 될 수도 있었다.

이미 지귀연 판사의 윤석열 석방 결정, 경호차장 김성훈의 구속을 3번이나 기각한 검찰과 재판부, 살인적 버티기에 들어선 헌법재판소가 앞길을 닦아놓았고 국민의힘과 대부분의 주류언론까지 이재명 유죄는 당연하다며 전방위적 압박을 하던 상황이었다. 극우 폭도들의 노골적인 테러 위협에 더해 권좌에 복귀한 윤석열의 체포·수거 명단에 오를 수 있다는 공포와 겁박 속에서 2심 재판부가 1심 유죄를 전부 뒤집는 것은 거의 불가능해 보였다.

하지만 놀랍게도 2심 재판부는 검찰의 표적 수사와 억지 기소를 뒤집고 무죄 판결을 내렸다. 공소장을 복붙하면서 검찰이 원하는 판결을 '자판기'처럼 생산하던 다른 재판부들과는 완전히 달랐다. 만약 거리와 광장에서 내란 진압과 민주주의를 외치는 거대한 저항의 물결이 100일 넘게 발전해오지 않았다면 그 판결은 달라졌을 수도 있었다.

그리고 2심 재판부의 용단은 다시 거리와 광장의 민주주의를 위한 투쟁에 자신감을 주었다. 이제 '윤석열도 문제고 이재명도 문제'라거나, 심지어 '그래도 이재명은 절대 안 된다'는 기득권 카르텔의 프레임은 상당 부분 힘을 잃게 됐다. 극우 내란 세력이 가장 중요한 무기로 삼던 카드가 '꽝'이 되면서 거꾸로 우리 편의 디딤돌이 됐다.

헌재 파면 결정으로 결정적 고비를 넘은 빛의 혁명

2025년 4월 4일, 헌법재판소에서 마침내 윤석열은 파면되었다. 자신이 역사상 최초로 '비폭력 평화 계엄'을 했다는 '계몽주의적' 폭군 윤석열의 주장은 받아들여질 수 없었다. "계엄의 형식을 빌린 대국민 호소"라는 말은 '성폭행의 형식을 빌린 사랑의 호소'라는 말처럼 도저히 성립할 수가 없었다.

그러나 현실은 그처럼 간단하지 않았다. 지귀연 판사와 심우정 검찰총장이 힘을 합쳐서 기상천외한 법 기술로 윤석열을 석방시켜준 것도, 헌재가 이 단순명쾌한 사건을 두고 끝없이 시간을 끌면서 우리의 피를 말린 것도 결코 우연이 아니었다. 기득권 카르텔은 실제로 윤석열 복귀와 제2의 쿠데타마저 받아들일 자세였다.

헌재 결정문에도 그 흔적은 분명히 남아 있었다. 정형식 재판관이 집필했다는 이 결정문은 훌륭한 점도 있었지만, 기득권 우파를 향해 이런저런 이유로 기각은 어려웠다고 변명하고 설득하듯이 쓰인 부분도 있었다. 심지어 "국회는 소수 의견을 존중하고 정부와의 관계에서 관용과 자제, 대화와 타협을 노력했어야" 한다고 지적하고 있다. 야당이 이처럼 소수파를 무시하고 탄핵을 남발해서 "윤 전 대통령이 야당의 전횡으로 국정이 마비된다고 인식해 이를 타개해야 한다는 막중한 책임감을 느끼게 된 것"이라는 논리였다. 실제로 벌어진 것은 야당을 무시하고 탄압하던 윤석열의 전횡이었고, 야당의 탄핵은 그에 맞선 방어적 수단이었는데도 앞과 뒤, 원인과 결과가 뒤바뀌어 있었다. 12·3 계엄령 선포가 독재체제 수립과 민주주의 파괴를 목표로 한 파시즘적 시도였다는 지적도 찾기 어려웠다. 윤석열 집권 2년 반 동안의 수많은 실정과 폭주에 대한 언급도 볼 수 없었다.

결국, 이 결정문은 법리적으로는 흠잡기 어렵지만 정치적으로는 소수 여당을 존중하지 않는 다수 야당도 문제였고 윤석열의 고충도 이해는 가지만 계엄은 너무 심했다는 양비론적 해석에 열려 있었다. 이런 양비론을 펼쳐온 것은 대다수 주류언론이었고 한동훈, 이준석, 이낙연 등의 정치인이었다. 양비론적 태도로 윤석열을 비판하고 막상 쿠데타 진압을 위한 투쟁에 동참하지 않은 이준석 당, 이낙연 당은 야당으로 볼 수 없었다. 지켜보다가 쿠데타의 성패에 따라서 얼마든지 어느 쪽으로든 올라탈 수 있는 믿지 못할 세력으로 봐야 했다.

그럼에도 헌재는 왜 윤석열 파면이라는 결정에 도달했던 것일까? 답은 광장에서 찾을 수밖에는 없었다. 보수논객 김진 전 중앙일보 논설위원도 지적했듯이 광장을 메운 이들의 분노가 걷잡을 수 없이 폭발하는 "혁명 수준의 민중항쟁"을 피하고자 헌재는 결국 윤석열 파면 결정으로 헌정질서 수호를 위한 제도적 해법을 보여줘야만 했다.

그런데 광장은 민주주의에 대한 열망으로 하나였지만 동시에 응원봉에서 나오는 무지개 불빛처럼 다양한 요구와 정체성으로 이루어져 있었다. 수많은 가치와 지향을 가진 사람들이 용광로처럼 섞여 있었다. '빛의 혁명'이 단지 민주당으로의 정치권력 교체라는 정치 혁명을 넘어서 사회경제적 구조의 변혁이라는 사회 혁명으로 발전할 수 있을지 여부는 이러한 다양성을 어떻게 다시 이번 쿠데타 진압과 윤석열 파면 때처럼 하나로 모으면서 힘을 집중할 수 있느냐에 달려 있었다.

그러나 그 길 앞에는 숱한 난관이 존재했다. 우선, 국민의힘 같은 세력과의 공존, 화해, 용서에 대한 압박도 쉽게 사라지지는 않을 것이다. 이미 여러 지식인과 언론들은 '문재인 때처럼 적폐 청산과 검찰, 언론 개혁에만 매달리면 안 된다'는 말을 꺼내고 있다. 진실은 그 반대인데도 말이다. 이번에 기득권 카르텔이 반격을 위해서 사용한 무기들(극우 행동대, 이재명 포비아, 중국에 대한 혐오와 각종 갈라치기 등)이 사라지지 않았다는 것도 중요하다. 이재명 포비아는 보수우파 지지층 속에서 워낙 뿌리 깊기에 정치테러의 위험이 계속될 수 있고, 2004년 노무현 탄핵 같은 시도도 얼마든지 가능하다.

오직 사회 진보와 개혁을 바라는 시민사회와 사회운동의 힘이 갈라지지 않고 강력할 때만 기득권 카르텔과 신극우세력의 저항을 물리치고, 새로운 정권을 압박하거나 힘을 실어주면서 개혁을 성공시킬 수 있다. 오직 그럴 때만 설혹 새 정권이 의지와 능력이 없어서 개혁에 실패하더라도, 더 진보적이고 단단한 세력이 새로운 정치적 대안으로 떠오르는 것도 가능하게 만들 수 있다. 그렇지 못하면 또다시 개혁의 실패로 인한 실망과 좌절의 반사이익을 얻어서 더 위험한 신극우세력이 권력을 훔쳐 갈 수 있다. 이것이 노무현 정부의 실패가 '이명박근혜' 정권을, 문재인 정부의 실패가 윤석열 정권을 낳은 메커니즘이었다. 다시 등장할 신극우세력은 이번 쿠데타 실패의 경험을 바탕으로 훨씬 더 끔찍한 반동을 시도할 가능성이 크다. 윤석열과 친윤 극우가 국제적 신극우 운동의 일부였다는 것도 중요하다. 따라서 이런 야만과 이에 맞선 저항들에 관심을 가지고 국제적 연대를 보내는 것은 우리 자신을 위한 일이기도 하다.

4부

검찰언론사법 통치 체제

13장
2019년 연성 쿠데타와
검찰 권력

2019년에 조국 교수와 그 가족들이 당한 인권유린, 사생활 침해, 낙인, 조롱, 따돌림, 스토킹, 조리돌림, 집단적 괴롭힘은 실로 역사에 남을 수준과 규모였다. 2019년 여름부터 시작된 이 '조국 몰이'는 특수통 검사 70명과 수사관까지 총인원 100여 명이 투입돼 100여 군데를 압수수색하고 조국, 부인, 동생, 딸, 아들, 모친, 친척들로 확대돼 나갔다. 심지어 사망한 부친, 동생의 전처까지 불려 나왔다. 하루에도 수천 건의 관련 기사들이 쏟아졌다.

온라인에는 온갖 허위사실, 가짜뉴스, 인격살해적 조롱과 욕설이 차고 넘쳤다. 검찰은 조국 부부의 PC를 압수해서 거기 담긴 모든 정보를 털었고, 부인과 딸의 일기장도 압수했다. 부부와 가족 간의 사적인 문자메시지와 대화 녹음까지도 모두 들춰보고 공개했다. 보수언론만이 아니라 진보언론들도 크게 다르지 않았다. 진중권, 김경율, 서민 같은 사람들이 나서서 조국 교수와 그 가족에게 "사기", "기생충", "구역질" 같은, 적의가 느껴지는 언어의 낙인을 찍었다. 상상하기도 힘든 그 고통은 《조국의 시간》에도 나와 있다.

나와 내 가족은 괴물로 낙인찍힌 후 발가벗겨진 채 조리돌림을 받고 멍석말이를 당했다. (…) 매일매일 또 무슨 기사가 실리는지 아침부터 밤까지 걱정해야 했다. 기사 하나하나가 몸에 박히는 표창 같았다. (…) 수십 개의 칼날이 몸속으로 계속 쑤시고 들어오는 느낌이었다. 가족의 살과 뼈가 베이고 끊기고 피가 튀는 모습을 두 눈 뜨고 보아야 하는 끔찍한 절통切痛이었다. (…) 광장에서 목에 칼을 차고 무릎이 꿇린 채 처형을 기다리는 신세가 되었다. (…) 검찰에게 나와 내 가족이 사냥감이었다면, 기자들에게는 동물원의 원숭이였다.

우리 사회의 다수는 여기에 침묵했고, 이 가족의 고통에 공감한 이는 상대적으로 적었다. 차별과 혐오에 반대해서 인권을 말하던 많은 진보좌파 진영까지 방관하거나 침묵했고, 심지어 일부는 공격에 가담했다. 왜 그랬을까? 기대를 저버린 조국 교수에 대한 배신감 때문이라는 것이 하나의 설명이다. 그렇게 진보적인 대안들을 소리 높여 지지하더니, 실제의 삶에서는 출신과 특권을 벗어나지 못하더라는 서사였다.

그러나 조국 교수는 원래부터 불평등한 구조 속에 혜택을 받으면서도 평등을 지향하는 '강남좌파'의 대명사였다. 본인도 이미 2010년에 쓴 글에서 노후를 위해 펀드에 투자하고 자식이 명문대 가기를 기대하는 자기모순을 인정하며, 자신이 "겉은 빨갛지만 속은 하얀 사과"라고 고백했다. 새삼스러운 것이 아니었다는 말이다.

조국 가족이 계급 불평등과 공정의 문제를 드러냈기에 분명히 선을 그을 수밖에 없었다는 설명도 있다. 물론 이것은 가능한 설명이다. 그러나 계급 불평등과 공정의 문제가 왜 나경원 자녀들의 특혜나 이준석의 부모 찬스 등에는 적용되지 않는지 설명하기 어려웠다. 결국 문제의 핵심은 마녀사냥과 그것이 낳은 효과였다.

조국은 말과 삶이 다른 이중적 인물이고, 자녀 교육에서 그것이 드러난다는 지적은 사실 '이명박근혜' 시절의 국정원 비밀문건에 이미 나오는 내용이다. 이 문건에서 국정원은 "이중성 공박에 주력"해서 "비판 여론 조성"의 "심리전 전개"를 주문하고 있었다. 조국 교수의 법무부 장관 임명을 통한 검찰 개혁이 본격화하는 시점에 검찰, 언론, 우파들이 총결집한 대대적 공격이 시작된 이유를 여기서부터 찾는 것은 충분히 타당하다.

모든 마녀사냥이 그렇듯이 조국 교수의 가족은 순수하고 완전무결한 희생양은 아니었다. 그와 가족의 인간적 결함과 약점들이 마녀사냥의 불쏘시개가 됐다. 압도적인 양의 기사와 보도들이 쏟아지자 여론은 거기에 동조하게 됐다. 여론이 한쪽으로 기울자 사람들은 더욱더 주류적 의견에 줄을 섰다.

물론, 이 마녀사냥의 핵심 주체들로는 이것을 이용해 검찰 개혁에 제동을 건 정치검사들, 여기에 편승해서 클릭 장사로 돈을 번 언론사와 유튜버들, 이것을 우파 재결집과 개인적 출세와 경쟁자 제거의 기회로 여긴 정치인들이 있었다. 민주당에서는 압박에 적당히 굴복하고 타협하자는 세력이 힘을 얻었고, 진보좌파 진영에서도 방관, 동조의 목소리가 더 컸다.

조국 가족이 권력형 비리를 저지르고 표창장 위조를 했다는 게 조국 몰이에 대한 침묵, 방관, 동조를 정당화하는 사람들의 주된 명분이었지만, 별로 근거가 될 수 없었다. 사실 조국 가족에 대한 마녀사냥의 핵심에는 뒤늦게 불거진 표창장보다는 사모펀드가 있었다. 이것은 정경심 씨가 실소유주인 '조국 가족 펀드'이며, '신종 정경유착'이자 '권력형 비리'라는 것이 초기에 검찰과 언론의 주장이었다. 그러나 이런 혐의는 그 후 2년간 1심, 2심, 대법원 판결 모두에서 전부 사실이 아닌 것으로 확정됐다. 실소유주도, 정경유착도, 공모도, 권력형 비리도 없었다.

물론, 나중에 검찰이 별건 기소한 표창장 위조나 인턴 기간 부풀리기, 쪽지 시험 커닝 등의 문제가 있었다. 그러나 이 문제들이 그토록 엄청난 비난과 처벌을 받을 문제인지는 의문이었다. 더구나 검찰이 위법수집증거를 이용했고, 심지어 증거를 편집하거나 조작했고, 최성해 동양대 총장과 거래하거나 증인들에게 피의자로 전환될 수 있다는 압박을 가해 원하는 판결을 받아냈다는 의혹과 문제 제기가 끊이지 않았다. 이처럼 나중에 드러난 이 사태의 실체에 대해서는, 사태 초기의 그 엄청난 광풍과 비교하면 관심도 보도도 미미했다.

검찰, 언론, 그리고 마녀사냥에 동참했던 모든 사람들에게 조국과 정경심은 '마녀'이고 그 가족은 '가족 사기단'이어야만 했다. 그래야 자신들이 함께한 그 인간사냥이 틀리지 않았고 그것에 침묵, 방관, 동조한 것이 부끄러운 행동이 아닌 게 되기 때문이다. 내가 옳았다는 것을 확인받기 위해 누군가의 삶이 파괴되길 원한 셈이다.

하지만 2019년 조국 사태의 특징은 마녀사냥에 반대하는 흐름이 거리의 행동과 운동으로 분출됐다는 것에 있었다. '검찰 개혁 촛불시위'였다. 수십만 명이 동참한 그 촛불은 명백히 2016년 촛불의 연장이었다. 그러나 2016년 촛불과 달리 주류언론, 정치권, 시민사회 진영, 진보좌파 단체들, 지식인들 거의 대부분이 이 운동에 부정적이거나 소극적인 태도를 취했다. 덕분에 검·언 카르텔이 저지른 이 연성 쿠데타는 성공할 수 있었다.

검찰 개혁과 사회경제적 개혁

2016년 촛불 광장에서 우리 모두의 핵심 요구 중 하나는 '검찰 개혁'이었다. "박근혜 다음은 누구를 쫓아내야 하느냐"는 사회자의 질문에 광장이 떠나갈 듯 "김기춘"(전 검찰총장), "우병우"(전 검사)라는 거대한 함성이 들려 왔었다. 촛불을 든 시민들은 끈끈하게 맺어진 검찰-재벌-정치권력 카르텔, 검사 전관 변호사가 1년 반이 안 돼 100억 원을 수임하는 구조 등의 문제를 똑똑히 인식했다.

그러나 2016년 촛불혁명 이후 어느 순간 검찰은 '개혁의 대상'에서 '적폐청산의 주역'으로 변신해 있었다. 검찰이 '살아 있는 권력에 맞서는 정의로운 칼잡이'로 화려하게 부활하는 데는 주류언론의 도움이 있었다. 검찰과 주류언론의 콜라보 속에서 검찰 개혁을 추진하는 사람은 조국이나 추미애처럼 전국민적 밉상이 되었다. 검찰 개혁을 요구하는 사람은 비이성적인 '문빠'의 무리가 되었고, 윤석열은 '살아 있는 권력을 수사하는 정의로운 검사'가 되었다.

이처럼 선출되지 않는 권력 집단과 국가기구들이 시민들의 거대한 저항에 직면해서 잠시 엎드렸다가 틈이 생기면 반격에 나서는 행태는 세계사에서 항상 목격되는 바였다. 물론 기득권 세력의 눈치를 보고 타협하는 선출 권력(문재인 정부)의 약점, 한계가 이것을 가능하게 만들었다.

문재인 정부가 사회경제적 개혁들과 달리 검찰 개혁만은 매우 진지하고 강력하게 추진했다고 보기는 어려웠다. 그랬다면 윤석열이 검찰총장이 되고, 정치검사들이 안하무인으로 날뛰고, 공수처가 문재인 정부 말기에나 출범하는 일은 없었을 것이다. 문재인 정부와 여당 내에도 윤석열 사단과 연결된 사람들이 있다는 것은 공공연한 비밀이었다. 그나마 검찰 개혁이 다른 의제들과 달리 좀 더 많이 진전되었다면, 그것은 촛불의 기억과 의미를 잊지 않았던 시민들의 의지와 행동 덕분이었다. 특히 2019년 겨울에 다시 검찰 개혁 촛불을 들었던 민중들의 행동이 중요했다. 검찰 개혁 촛불시위는 곧 사그라들었지만, 문재인 정부의 타협과 후퇴를 어느 정도 막아낸 것만은 분명했다.

2019년에도 지금도 우리에게 필요한 것은, 검찰개혁에 더 열의를 보이는 사람들을 무시하거나 폄하하는 게 아니라,

검찰개혁 열망에 공감하고 검찰과 기득권 카르텔에 맞서 함께 싸우면서 그것을 사회경제적 개혁을 위한 요구와 투쟁으로 연결하는 것이었다. 민주당 왼쪽의 진보좌파와 사회운동이 이것에 실패한다면 민주당이 그 공백을 채워가거나 심지어 기득권 우파가 다시 부활할 가능성이 컸다.

만약 한국에서 민주당보다 더 급진적 좌파 세력이 집권에 다가선다면, 검찰과 군부 등 억압적 국가기구들의 총공세가 시작될 것이다. 민주당 정부조차 용납할 수 없었던 게 이들이었다. 따라서 검찰의 무소불위 권력을 약화시키고 개혁하는 과제는 결코 민주당이나 민주당 지지자들만의 관심사일 수가 없었다. 검찰 개혁과 사회경제적 개혁은 대립되거나 경중, 선후, 선택의 문제가 될 이유가 하나도 없었다.

14장
검찰-언론
권력의 얼굴

2020년부터 시작된 윤미향 의원에 대한 검찰-언론 카르텔의 마녀사냥에서 가장 끔찍했던 순간은 고 손영미 마포쉼터 소장이 목숨을 끊었을 때였다. 윤미향 의원이 대대적인 마녀사냥을 당하고, 검찰이 압수수색을 계속하고, 언론이 수많은 의혹들을 마구잡이로 제기하면서 표적이 된 사람들이 벼랑 끝으로 몰리며 이 비극이 일어났다. 그러나 당시 많은 언론과 정치인들은 그 죽음마저도 윤미향 의원의 책임인 것처럼 몰아갔다. 윤미향 의원이 책임지고 사퇴하지 않아서 비극의 원인을 제공한 것처럼 프레임을 구성했다.

심지어 곽상도 같은 이들은 마치 윤미향 의원이 죽음을 사주하기라도 한 것처럼 주장하고 의혹을 제기했다. 그것은 기가 막힌 마녀사냥의 연장이었고, 피해자 탓하기였고, 고인을 두 번 죽이는 짓이었고, 전형적인 책임 떠넘기기였다.

이재명 민주당 전 대표의 주변에 있다가 검찰 수사의 대상이 됐던 이들이 죽었을 때도 똑같은 현상은 반복됐다. 이재명의 주변에 있다가 검찰 수사 대상이 됐다는 이유로 범죄자인 것처럼 낙인찍고 몰아가는 보도를 쏟아냈던 족벌언론들은 그런 비극이 벌어지면 시치미를 뗐다. 검찰이 300회 이상의 압수수색을 하며 이재명, 가족과 친구, 주변 사람, 주변 사람의 주변 사람까지 괴롭히고 탈탈 털었던 것이 이런 죽음들과 관련 있다는 지극히 상식적인 이야기는 절대로 하지 않았다. 이재명이 그 죽음에 책임이 있다는 피해자 탓하기와 책임 떠넘기기 역시 되풀이됐다. 심지어 이재명 전 대표가 이 죽음을 사주한 것처럼 연기를 피우며 '뒤에서 죽음을 교사하는 악마'의 이미지를 만들었다.

이재명을 표적으로 정해놓고 그 주변 사람들까지 무엇 하나라도 나올 때까지 끝없이 압수수색하고 소환조사하면서도 무엇 하나 분명한 것을 찾아내지 못하는 검찰 수사가 윤석열 정권 내내 계속됐고, 그렇게 수사를 받고 언론에 이름이 오르던 사람들이 무려 5명이나 죽었다. 이것은 국가기구의 강제력이 얼마나 막강한 압박인지 보여주는 끔찍한 폭력이 아닐 수 없었다.

정상적인 언론이라면 왜 검찰의 표적이 된 사람들은 죽음으로 내몰리게 되는지를 취재하고 분석해서 사회적 논의와 대책을 촉구해야만 했다. 이미 노무현, 노회찬 등의 비극을 통해서 무엇이 이런 결과를 낳는지 수많은 지적이 있었다. 특수통 검사들은 칼을 찌를 뿐만 아니라 비틀면서 결국 내장까지 다 긁어내는 수사 방식을 사용하며 표적 수사, 별건 수사로 상대의 숨통을 조이기 때문에 선택의 여지가 사라져버린다는 것이었다.

검찰의 기업친화적 행태도 문제였다. 검찰은 산업재해와 노조 투쟁에서 언제나 노동자들에게는 쇠몽둥이를, 기업주들에게는 솜방망이를 휘둘렀다. 유서대필 조작, 노동운동 탄압과 노조 파괴, 서울시 공무원 간첩 조작, 용산참사, 김학의 사건, 백남기 부검 시도, 내란음모 조작과 통합진보당 강제 해산 등의 사건에서도 이해하기 어려운 행태를 보였다.

더 심각한 것은 특수부 검사들이 법조 기자들과 손잡고 자행하는 여론몰이와 여론재판을 통한 인격살인으로 특수수사기법이 완성된다는 점이었다. 이에 대한 피해자들의 증언은 차고 넘칠 정도였다. 검찰의 한명숙 사건 조작에 이용당했던 한만호 씨는 비망록에서 이렇게 적었다. "그 능멸, 모멸감을 죽어서도 잊지 않을 것이다. (…) 노무현 대통령도 저래서 자살한 것으로 알고 있는데 한 총리님도 이러다 그렇게 되시는 것 아닐까."✧

조국 가족에 대한 검찰의 사냥에 도우미가 될 것을 강요받았던 김경록 자산관리인은 검찰 조사를 받을 때 어머님 앞으로 유서를 써놓고 갔다고 한다. "검사가 칼 들고 있는 강도보다 더 무서웠다. (…) 조사받다가 화장실 가서 20분을 펑펑 울고 창문을 깨고 뛰어내리고 싶었다."(김경록, 《그렇게 피의자가 된다》)

✧ 심인보, "나는 검찰의 개였다, 한만호 비망록 단독 입수", 뉴스타파, 2020. 5. 14.

마찬가지로 검찰과 언론의 '조국 몰이' 과정에서 또 다른 피해자가 됐던 부산대 노환중 교수의 변호인은 특히 언론이 어떻게 피의자들을 죽음의 벼랑 끝으로 모는지 고발했다. "하이에나 같은 언론 방송 등에서 불확정적이고 검증되지 않은 사실을 보도하며 무책임하게 유죄를 추단하면서 여론을 선동하는 바람에 수천만에 이르는 국민에 의해 피고인 본인의 전인격과 인생 전체를 부정당하는 상황에 이르러 피고인은 생을 스스로 포기할 생각까지 할 정도로 극한의 고통을 느꼈습니다."✿이처럼 검찰 수사 과정에서 피의자가 자살하는 게 매년 평균 10명에 이를 정도였다.

임은정 검사는 고 김홍영 검사 사례를 언급하면서 이런 검찰조직과 문화가 밖에서만이 아니라 안에서도 공포의 대상이라고 고발했다. "조직의 적이 되면 버티기가 힘들어져요. 검사들은 그걸 너무나 잘 압니다. (…) 김홍영 검사가 왜 목숨을 끊었겠어요. (…) 갑질 피해를 입고 하소연할 데가 없는 김 검사는 결국 하늘로 간 거죠. 땅에서는 검찰로부터 도망칠 곳이 없거든요."✿✿

✿ 빨간아재, "무죄 판결조차 억울하고 가혹. 공소기각을", 유튜브, 2022. 12. 3.
✿✿ 임은정, "내부고발자, 임은정 검사가 가시밭길을 가는 이유", 복음과상황, 2023년 2월호.

조선일보의 권력

검언유착의 대표적 사례로 조선일보를 빼놓을 수는 없다. 조선일보 문제와 관련해 오늘의 시점에서 다시 생각해 볼 만한 한 역사적 사건은 2000년대 초반에 있었던 '안티조선' 운동이다. 당시 조선일보의 취재와 인터뷰를 거부하는 대규모의 지식인 선언이 몇 차례나 있었다. 민주노총, 전교조, 전국연합 등 시민사회단체가 참여한 '조선일보 반대 시민연대'도 만들어졌다. 그 시절 보수우파 세력은 동아일보나 중앙일보도 있는데 왜 유독 조선일보에만 그러느냐며 안티조선 운동에 딴지를 걸기도 했다. 그러나 조선일보는 그저 평범한 보수적 거대언론이 아니라 특별한 수구적 족벌언론이었다.

어떤 점에서 이렇게 말할 수 있을까? 박정희 군사독재 정권 때 조선일보는 1972년 10월 유신을 "가장 적절한 시기에 가장 알맞은 조치"(1972년 10월 18일자)라며 환호했다. 조선일보는 영구집권을 위해 국회 해산, 대학 휴교, 언론 검열 등 민주주의를 유린한 박정희의 비상계엄령을 "구국의 영단"(1972년 12월 28일자 사설)이라고 칭송하기까지 했다.

1980년 광주항쟁 때 조선일보는 광주 시위대를 "폭도"로 매도하는 데 앞장섰고, 전두환을 "새 시대를 열고 새 정치를 펼칠 지도자"(1980년 8월 24일자)라고 찬양했다. 이러한 줄서기 덕분에 조선일보 회장 방우영은 언론사 사장으로는 유일하게 전두환 정권의 '국보위' 입법회의 의원으로 참여했고, 당시 편집국장 최병렬 등 조선일보 간부들이 전두환 정권 시절 권력의 핵심부에 대거 진출했다.

전두환 정권 7년 동안 조선일보는 초고속 성장을 거듭해 매출액 1위로 뛰어올랐고, 연평균 300%가 넘는 성장률을 보였다. 회장 방우영은 1983년 개인소득세 납부 순위 100 위에서 단 1년 만에 20위로 도약했다. 조선일보는 특히 친일파, 군부, 영남 출신 재벌과 정치인 등 권력의 핵심부와 긴밀했다. 조선일보는 수많은 장관과 정치인들을 배출했고, 보수우파 정치인들에게 행동 지침을 줄 정도로 막강한 힘을 행사했다.

조선일보는 자신들의 눈 밖에 난 정치인들을 낙인찍고 마녀사냥을 해서 쫓아내는 데도 출중했다. 김영삼 정부에서는 한완상 부총리를, 김대중 정부에서는 최장집 대통령 정책 자문과 이재정 여당 정책위 의장 등을 자리에서 물러나게 했는데, 오늘날까지도 이러한 좌표 찍기와 몰아내기 행태는 여전하다. 안기부(국정원의 전신) 같은 억압적 국가기구와의 협력관계도 유명했다. 이런 협력관계는 오늘날의 검언유착으로 이어지고 있다.

조선일보는 윤석열 정부가 들어선 이후 발생한 그 모든 반동적인 흐름에서도 가장 선두에 서 있었다. 화물연대 노동자들을 마녀사냥했고, 전장연을 집요하게 공격했다. 10·29 이태원 참사와 피해자들의 목소리를 덮는 데도, 민주노총을 '폭력적 종북 집단'으로 모는 데도 최선봉에 서 있었다.

그러니 지난 몇 년간 주목받는 진보정당의 청년 정치인이나 청년 논객, 지식인들이 조선일보와 인터뷰를 하거나 글을 기고하는 것을 보면 씁쓸할 수밖에 없었다. 조선일보의 역사와 성격을 조금이라도 이해한다면 할 수 없는 행동으로 보였기 때문이다.

진보언론의 한계와 아쉬움

보수 족벌언론들만이 오늘날 언론 권력의 문제를 드러내는 것은 아니다. 문재인 정부와 윤석열 정부를 거치면서 두드러진 언론 현상 가운데 하나는 족벌언론들이 프레임을 짜면 한겨레와 경향신문 같은 진보언론도 몇몇 이슈에서는 그것을 뒤따르는 모습이었다. 사실 이것은 과거에도 볼 수 있었던 풍경이다.

가장 대표적이고 많은 이들이 기억하는 것은 노무현 전 대통령이 비극적 죽음에 이르는 과정에서 한겨레와 경향이 보인 태도였다. 이에 관해 문재인 전 대통령은 이렇게 쓰고 있다. "검찰과 언론이 한통속이 돼 벌이는 여론재판과 마녀사냥은 견디기 힘든 수준이었다. (…) 무엇보다 아팠던 것은 진보라는 언론들이었다. (…) 칼럼이나 사설이 어찌 그리 사람의 살점을 후벼 파는 것 같은지, 무서울 정도였다."(《문재인의 운명》)

"검찰과 언론이 한통속이 돼 벌이는 여론재판과 마녀사냥"의 양상은 2013~2014년 통합진보당 내란음모 조작과 강제 해산 국면에서도 비슷했다. 2019년의 조국 몰이, 2020년의 윤미향 마녀사냥, 2021년에 '추-윤 갈등' 프레임으로 추미애 법무부 장관을 공격하고 몰아가는 과정에서도 같은 일이 거의 그대로 반복됐다.

이것만이 아니다. 언론 피해자들을 구제하기 위한 언론중재법 개정안이 문제가 됐을 때 조중동만이 아니라 한겨레와 경향도 이것을 '언론 자유에 대한 도전과 말살'이라는 프레임으로 반대했다. 검찰 수사권 조정 법안이 문제가 됐을 때도 마찬가지였다. 검찰은 '사회적 약자를 보호하기 어려워진다'면서 자신들의 밥그릇을 지키기 위해서 총력 투쟁에 나섰는데, 이번에도 검찰의 편에 서서 개혁을 막아선 것은 조중동만이 아니라 한겨레와 경향이기도 했다.

2022년 연말, 이태원 참사 희생자 명단 공개가 문제가 됐을 때 '참사를 정치적으로 이용하려는 패륜'이라며 공격하는 행태에서도 조중동과 한겨레, 경향은 큰 차이가 없었다. 이 모든 과정에서 괴롭힘과 고통을 당했던 사람들은 크게 실망하며 깊은 상처를 받았다. 예컨대 윤미향 전 의원은 "그때 진보언론만이 아니라 진보인사, 진보단체도 다 의심했어요"라고 회상했다.

왜 이런 일이 벌어지는지 의문스럽지 않을 수 없었다. 왜 족벌언론에 맞서서 개혁과 진보의 편에 서서 함께 싸운다고 주장하던 진보언론들이 중요한 국면마다 이처럼 실망스러운 태도를 보일까? 어디서 이유를 찾을 수 있을까?

첫째, 한겨레와 경향도 주류 '레거시 미디어'라는 기득권 언론사들의 일부가 됐다는 점을 봐야 한다. 물론, 여전히 조중동이 훨씬 더 강력하지만 한겨레와 경향의 사회적 위상은 과거와 달라졌다. 이들은 더 이상 '가난한 재야 언론'이 아니다. 정당, 정권, 대기업, 권력기관들도 '보수' 조중동과 '진보' 한겨레, 경향을 모두 관리해야 할 주요 언론사로 여긴다.

같은 '레거시 미디어'의 일원이라는 동료의식이 생기며 상호비판을 삼가거나 동조화하는 현상도 나타났다. 주류 레거시 미디어 구성원들이 대부분 수도권 명문대 출신에 언론고시를 통과한 사람들이기에 인맥과 학맥을 통한 네트워크의 효과가 더해진다. 이것을 더욱 악화시키는 것은 출입처 제도와 법조 기자단이다. 이를 통해 사법고시를 통과한 검사와 언론고시를 통과한 기자들의 네트워크와 상호 협력까지 나타나게 된다. 언론은 특종과 정보를 얻고 검찰은 수사를 위한 여론의 압력을 얻는 주고받기 관계가 형성되는 셈이다.

둘째, 기계적 중립과 객관이라는 뿌리 깊은 신화가 낳은 저널리즘의 실패라고 볼 수 있다. 박성제 전 MBC 사장은 "받아쓰기를 '객관적 사실 보도'라고 생각하는 기자들이 많습니다. 상반되는 주장을 5대 5로 받아쓰면서 '균형 있는 보도'라고 말합니다"라며 이 문제를 지적한 바 있다. 이 신화에 따르면, 여당과 야당의 상황과 입장, 여당에서도 친윤과 반윤의 목소리, 야당에서도 친명과 비명의 목소리를 골고루 반영해야 한다. 이러한 오류에 대해 오태규 전 한겨레 논설실장은 '일종의 착한 아이 콤플렉스'라고 지적한 적이 있다. "진보 성향 미디어가 보도 과정에서 꼼꼼하게 거쳐야 할 사실 확인이나 검증을 소홀히 한 채 '착한 아이' 노릇에만 힘을 쏟다 보니 보수 미디어가 짜놓은 프레임을 강화하는 들러리로 전락하게"(오태규, 〈'정의연 오보 사태' 언론에 무엇을 남겼나〉) 된다는 이야기였다.

셋째, '강약약강(강한 자에게 약하고 약한 자에게 강함)'의 태도가 존재했다. 예컨대 2024년 4월 총선을 앞에 두고 한겨레와 경향에는 이재명 민주당 대표를 조롱에 가깝게 신랄하게 비판하며 그의 퇴진을 촉구하는 내용의 칼럼이 연달아 실렸다. 반면, 윤석열 대통령은 물론이고 한동훈 국민의힘 비대위원장에게 여러 비판은 하더라도 직접적으로 사퇴를 권하는 칼럼이 실린 적은 찾기 어려웠다. 검찰과 권력기관을 앞세워 툭하면 압수수색과 기소를 하고 불리한 보도를 한 언론사와 기자에 대한 엄청난 보복과 압박을 가하는 집권 정부와 여당의 지도자에게는 조심스럽게 정제된 비판을 하면서, 검찰의 칼날 아래 놓여서 온갖 공격을 당하다가 심지어 정치테러까지 당해서 죽을 뻔한 야당 지도자에게는 거침없는 비난을 하며 사퇴를 요구하는 태도를 '강약약강'이라고 보는 것은 전혀 이상할 게 없어 보였다.

문제는 중요한 국면마다 조중동과 한겨레, 경향이 비슷한 목소리를 내면 여론에 영향을 준다는 사실에 있었다. 신문의 영향력은 갈수록 감소해왔지만, 사람들이 스마트폰과 PC를 통해서 보는 포털의 뉴스들 대부분이 레거시 미디어에서 나온다는 사실을 봐야 한다. 그렇기에 종편, 포털, 레거시 미디어가 어떤 사안에서 같은 목소리를 내기 시작하면 그 힘은 결코 무시할 수 없는 사회적 힘이 되곤 했다. 특히 조중동뿐 아니라 한겨레, 경향도 같은 입장이면 중도층이 움직였다. 그 입장은 특정 진영의 주장이 아니라 보편적 여론이라는 인식이 생기기 때문이었다. 안타깝고 아쉬운 현상이자 시간들이었다.

한국 언론의 현실과 김어준의 뉴스공장

만일 12·3 쿠데타가 성공했다면 상상하기도 싫은 여러 가지 끔찍한 일들이 발생했겠지만, 그중에서도 공포스러웠을 한 사태는 언론과 표현의 자유에 대한 말살이다. 실제로 쿠데타 당일에 발표한 계엄사령부 포고령 제1호에는 "가짜뉴스, 여론조작, 허위 선동을 금한다", "모든 언론과 출판은 계엄사의 통제를 받는다"라는 내용이 있었다. 내란 세력은 쿠데타의 시작과 동시에 곧바로 언론인에 대한 체포와 언론사에 대한 통제 시도를 했는데 그 주요 대상 가운데 하나가 바로 김어준 씨와 뉴스공장이었다. 이것은 뉴스공장이, 이 나라 기득권 카르텔 중에서도 가장 폭압적인 최고 권력 집단이 제일 먼저 그 입을 막고 싶었던 대상이었다는 뜻이다.

어떤 사람들은 이것을 인정하기 싫어서, 윤석열은 사적인 감정 때문에 고작 일개 유튜버에 불과한 김어준을 제일 먼저 체포하려고 시도할 정도로 망상에 사로잡혀 있었다는 평가를 내놓았다. 그러나 이것은 정직한 평가가 아니다. 김어준의 뉴스공장은 '고작'이라고 평가하기에는 너무나 큰 영향력을 보여 왔다. 사실 매일 아침에 30만여 명이 동시 접속해서 듣고 하루에 200~300만 명이 시청하는 시사 방송은 한국만이 아니라 전 세계적으로도 찾기 어려웠다. 많은 사람이 그 방송을 듣고 보고 있다는 것만이 다가 아니다. 김어준 방송은 지난 3년간 윤석열 정부와 정책에 대한 정치, 경제, 사회, 외교, 문화 등 모든 측면에서의 가장 강력한 반대와 비판, 고발과 폭로의 목소리를 내보냈다.

그렇다면 김어준의 뉴스공장에 대한 합당한 평가는 어떤 것일까? 일부 언론인, 언론 단체, 지식인들의 평가는, 김어준은 정상적인 언론인도 아니며, 아니면 말고 식 오보와 음모론 등을 통해 사회에 큰 해악을 끼친 사람으로서 공론장에서 사라져야 한다는 것으로 요약될 수 있었다.

그러나 김어준을 음모론자로 단정하며 그가 보수우파 음모론자들과 별 차이가 없다고 보는 입장은 문제가 있다. 첫째, 권력과 정보를 독점하고 진실을 은폐하는 우파 권력 집단의 지배 강화와 반동을 뒷받침하기 위한 음모와, 그런 권력 집단을 감시하고 비판하는 쪽에서 진실을 찾아 헤매는 과정에서 내놓는 의혹 제기를 동일한 것으로 볼 수는 없기 때문이다. 둘째, 그런 의혹 제기나 가설 중에서 사실로 드러난 경우도 많기 때문이다. 멀리 갈 것도 없이 김어준 씨가 제기했던 계엄설은 대부분의 언론과 지식인들은 무시했지만, 결국 사실로 드러났다.

물론, 의혹 제기나 가설이 사실이 아닌 것으로 드러나면 솔직하게 인정하고 반성할 필요가 있고, 김어준 씨에게 그 점이 아쉽고 부족한 것은 사실이다. 그런데 이 점에서 수많은 언론과 지식인들은 김어준 씨에게 뭐라고 할 자격이 없었다. 온갖 황당무계한 음모론과 아니면 말고 식 가짜뉴스들을 밥 먹듯이 보도하고 절대로 사과나 반성하지 않는 족벌언론들과 종편 방송들에 대해서는 더 말할 필요도 없다. 하지만 중도, 진보언론들조차 이 문제에서 완전히 자유로울 수 없었다. 예컨대 지난 5년간 조국, 윤미향, 이재명에 대한 언론의 온갖 마녀사냥을 살펴보면,

검증되지 않은 아니면 말고 식 뉴스와 오보들이 쏟아져서 마녀사냥의 장작불을 더욱 활활 타오르게 했다. 지금 와서 보면, 조국 사모펀드, 윤미향의 딸 유학비, 이재명과 대장동 사업 등의 수많은 언론 보도들이 사실이 아니었다는 게 수사와 재판에서도 드러났다. 하지만 자신들이 충분한 검증과 사실 확인 없이 의혹과 음모를 제기했다고 사과한 언론은 없었다.

그렇다면 김어준 방송에 대한 타 언론사, 사회의 평가와 관련하여 본질은 많은 언론인과 지식인들 사이에 존재하는 김어준 방송 자체에 대한 거부감이었다. 적대감에 가까운 이 거부감 때문에 TBS 〈김어준의 뉴스공장〉이 윤석열 정권 초기에 오세훈 서울시에 의해서 강제로 폐지될 때도 대부분 언론인과 지식인들은 침묵하거나 외면했고 심지어 일부는 동조하기까지 했다.

물론, 김어준 방송에는 문제점과 한계가 있다. 하지만 한국사회의 민주주의를 지키려는 사람들에게 필요한 것은 김어준 포비아에 힘을 보태거나 뒤를 따라가는 것이 아니라, 기존의 주류언론들의 어떤 부족함을 김어준 방송이 채워왔는지 돌아보는 일이다. 그 부족함을 해결하면서 김어준 방송의 문제점과 한계도 뛰어넘는 저널리즘의 미래를 만들어가는 일이다.

15장
검찰언론사법
삼위일체
카르텔

윤석열 정부는 집권 3년 내내 '사법 장악'을 시도했다. 이것은 촛불항쟁과 문재인 정부의 탄생으로 이루어진 사법 개혁의 성과를 거꾸로 돌리는 과정이었다.

2016년 촛불항쟁은 정권교체를 낳았고, 정권교체는 김명수 대법원장과 새로운 사법부의 등장도 낳았다. 지금 와서 보면 중대한 개혁 과제들을 이루지 못한 김명수 사법부에 대한 평가는 박할 수밖에 없지만, 그럼에도 의미 있는 시도와 진전이 전혀 없었던 것은 아니었다.

무엇보다 김명수 체제 속에서 인권과 노동권, 사법 정의, 젠더 정의에 관심 있는 법관들이 좀 더 중요한 자리들로 올라갈 수 있었다. 예컨대 노동권과 인권에 대한 일관된 옹호로 유명한 김선수 변호사가 대법관이 되는, 상상하기 어렵던 일이 일어났다. 김 변호사는 통합진보당 강제 해산도 반대했던 법조인이니 보수우파로서는 용납할 수 없는 일이었다. 양심적 병역 거부 허용, 낙태죄 처벌에 대한 헌법불합치 판결, 동성 군인 간 합의 성관계 불처벌 등 의미 있는 판결들도 이어졌다.

김명수 대법원은 이런 전진을 디딤돌 삼아서 양승태 대법원의 사법농단을 분명히 단죄하고, 진보적 사법 개혁의 과제들을 하나씩 풀어나갈 필요와 의무가 있었다. 민주적인 법관 선출과 탄핵을 위한 제도 마련, 재판의 투명한 공개와 배심원제 확대 등이 그것이었다. 사법부의 독립성을 강화하고, 판사의 숫자를 대폭 확대하며, 공정한 인사 승진 제도를 마련할 필요도 있었다. 법원행정처를 폐지하거나 개혁할 필요 역시 있었다. 민·형사를 넘어서 대부분의 사회적 의제들을 판결하는 소수의 대법관을 대통령이 최종 임명하고, 법원행정처가 판사들을 통제하며 획일화시키는 구조는 일제와 독재 시절에 만들어진 낡은 잔재이기 때문이다.

하지만 사태는 사법 개혁과는 어긋나는 방향으로 흘러갔다. 양승태 대법원의 사법농단 사건 관련자 가운데 처벌받은 사람은 아무도 없었다. 개혁을 가로막고 구체제를 지키려는 사법부 내부 세력의 반격은 매우 치밀하고 강고했다.

그것은 보수 편향적이거나 시민적 상식에서 납득할 수 없는 판결들로 나타났다. 대표적으로 국정농단 비리의 일부였던 삼성 이재용 부회장을 집행유예로 석방한 판결, '별장 성접대' 사건 피의자 김학의 전 법무부 차관이 결국 무죄로 풀려난 판결, 정경심 교수(조국 부인)에게 중형을 내린 판결, 윤석열 검찰총장 징계를 중단시키며 자리를 지켜준 판결 등이 있었다.

그런데 이런 판결은 단지 사법부만의 문제는 아니었다. 정치검찰과 족벌언론의 역할도 중요했다. 정치검찰과 특수통들이 누구는 무혐의로 봐주고 누구는 수사에 넘기느냐, 어떤 영장전담 판사가 당번일 때 영장을 신청하느냐, 재판에 어떤 증거를 제출하거나 제외하느냐, 어떤 시점에 기소를 하거나 마느냐, 어떤 죄목을 넣거나 빼느냐, 어느 정도의 구형으로 형량을 요구하느냐에 따라서 재판 결과는 일정하게 달라질 수 있었다. 더구나 사법부와 법관들은 사회적 분위기와 여론에서 완전히 자유로울 수 없었다. 나중에 윤석열 검찰이 판사의 개인적 평판과 신상에 대한 사찰과 수집을 해왔다는 게 밝혀졌다. 족벌언론들이 툭하면 마음에 안 드는 판사에 대해 '우리법연구회 출신의 친문재인 좌편향 판사'라는 낙인을 찍어서 공격했던 일은 검찰이 흘린 정보를 활용했을 것이 분명했다. 결국 그런 압박을 받던 판사는 휴직하거나 교체되기도 했다.

이를 잘 보여준 것이 정경심 교수가 받은 재판이었다. 이 재판에서 검찰에 고분고분하지 않았던 송인권 판사는 족벌언론의 공격을 받다가 '고발 전문 시민단체'에 의해 고발당했고, 곧바로 검찰은 수사와 기소를 검토하며 압박했다. 결국 송 판사는 교체됐다. 김미리 판사도 '친조국'이라고 계속 검찰과 족벌언론의 공격을 받다가 결국 휴직하며 재판에서 빠지게 됐다. 이 모든 것은 검찰-언론-사법 카르텔의 '2016 촛불 뒤집기'의 일부였다.

이 뒤집기는 결국 성공했다. 2022년 윤석열 대통령의 당선으로 기득권 카르텔은 5년 만에 권력을 되찾았다. 그리고 그 후 재판에 대한 개입 시도와 사법부 재장악 시도는 한층 노골적으로 펼쳐졌다. 먼저 한동훈 법무부는 판사 인사에 대한 검증 권한을 틀어쥐었고, 윤석열 대통령은 임기 5년 동안에 대법관 14명 중 13명과 헌법재판관 9명 전원을 새로 임명할 예정이었다.

처음에 윤석열이 임명한 오석준 대법관은 자신의 서울대 후배였는데, 800원 '횡령'한 버스노동자의 해고는 정당하고 85만 원 접대받은 검사들의 징계는 부당하다고 판결했던 전력이 있었다. 이어서 임명한 권영준 대법관은 서울대 로스쿨 교수로 있으면서 김앤장 등의 거대 로펌 7곳에 의견서를 써주는 일로 5년 동안 18억 원을 번 사실이 밝혀진 인물이었다. 결국 윤석열은 과거 양승태 대법원장 체제에서 대법관이 됐고 문재인 정부 시절에 사사건건 진보적 판결을 가로막았던 극보수적 판사인 조희대를 대법원장으로 임명했다.

이처럼 인맥과 학맥으로 연결된 법조 엘리트들은 네트워크를 형성하고 거대 로펌과 유착해 막대한 소득을 올렸을 뿐 아니라, 보수정부의 통치를 지원하고 개혁정부의 개혁을 가로막았다. 윤석열 정부가 들어서고 나서 야당 정치인들은 계속 압수수색과 수사, 기소에 시달렸지만 대통령 일가나 측근들은 줄줄이 무혐의, 불기소, 무죄, 보석 석방, 사면을 받게 된 것도 우연일 리가 없었다. 하지만 조선일보는 서울대 출신의 부유한 보수적 중년남성들('서오남')로 사법부를 물갈이하는 것을 '비정상의 정상화', '사법부 주류 교체'라며 적극 환영했다.

검찰언론사법 삼위일체

'사법부의 판결을 존중해야 한다.' 항상 반복되어 강조되는 말이지만, 그대로 받아들이기는 어려운 말이다. 예컨대 '별장 성접대' 사건 피의자 김학의 전 법무부 차관이 결국 무죄로 풀려난 판결이, 삼성 이재용 부회장을 집행유예로 석방한 판결이, 윤석열 검찰총장의 징계를 중단시키며 자리를 지켜준 판결이 존중받을 만한 판결이었을까? 곽상도 아들에게 간 50억 원이 뇌물이 아니라는 판결이, 윤석열 정부의 '건폭몰이'를 뒷받침하며 수많은 건설노동자들을 구속한 판결이, 이태원 참사에서 하급 말단 공무원 말고는 누구도 책임이 없다는 판결이 우리가 존중해야 할 판결이었을까?

보통 사람들의 상식에 어긋나는 불공정한 판결들은 한국사회의 뒤틀린 사법 질서와 체제에서 비롯됐다. 먼저 사법부의 구성원들 자신이 소수의 부자와 권력자들로 이루어진 특권 엘리트 집단의 일원이다. 사법연수원에서도 가장 높은 성적을 거둔 사람들이 판사가 되고, 그들은 대부분 명문대 로스쿨 출신들이며, 명문대 로스쿨은 대부분 강남 8학군에서 배출되는 구조다. 그런 특권적 가족 배경이 없는 사람이라 해도 사법부 구성원이라면 이 나라의 자산가, 기업주, 고위 정치인과 공무원, 언론사주, 병원장 같은 특권층이나 특권 전문직들과 인맥, 혼맥,

학맥으로 연결돼 있기 쉽다. 같은 골프클럽이나 헬스클럽 회원이기도 쉽다. 자연스럽게 그런 사람들 속에서 형성되는 여론, 눈높이와 이해관계에 따라서 '정의와 불의'를 판단하기 쉽다. 판사 퇴임 이후에 대기업의 법률 자문이나 김앤장 같은 대형 로펌들에 가기 위해서도 이것은 자연스러운 판단 기준이 될 가능성이 높다. 공직자 재산 공개를 보면 법원장, 부장판사 등이 엄청난 재산으로 상위를 차지하는 것도 볼 수 있다. 바로 이런 이유들로 인해 한국사회의 사법 질서는 기본적으로 강자와 권력자에게 유리하게 기울어져 있다.

그런데 이것만으로는 이해가 다 되지 않고 추가 설명이 필요한 부분이 있다. 왜냐하면 비록 보수우파 정치세력이 한국사회에서 더 오랫동안 강자와 권력자의 자리에 있는 것은 맞지만, 민주당이 약자라거나 권력에서 배제됐다고만 말할 수는 없기 때문이다. 민주당도 세 차례나 집권한 적이 있고, 의회 다수당의 권력을 쥔 적도 여러 번 있다. 그럼에도 사법부는 보수우파 정치세력에 더 우호적이고 유리한 반면, 민주당에는 상대적으로 불리한 판결들을 내리는 경우가 많았다.

여기에는 몇 가지 이유가 있다. 첫째, 한국사회를 지배하는 권력 엘리트들 속에서는 보수우파가 여전히 더 주류이고 다수이기 때문이다. 군부와 일당독재 시절부터 형성돼온 기득권 카르텔에서 민주당은 여전히 비주류이고 소수파의 지위에 있다.

둘째, 보수우파가 주도하는 이 기득권 카르텔의 핵심에 검찰이 있고, 검찰과 사법부는 긴밀하게 서로 연결돼 있기 때문이다. 관련하여 역사학자 전우용은 자신의 SNS에서 이렇게 쓰고 있다. "우리나라에서 검사와 판사는 하나로 묶여서 '판검사'라 불릴 정도로 밀접한 관계에 있습니다. 그들 중 다수가 학연이나 혈연으로 이어져 있고, 사법연수원 동문일 뿐 아니라 퇴직 후의 동종 업자이기도 합니다."(페이스북, 2024. 4. 13)

셋째, '윤석열 사단'이 세를 키운 것도 힘의 변화였다. 사법부에 대한 윤석열 사단의 압박과 개입은 관행적 수준을 뛰어넘었다. 윤석열 사단은 양승태 대법원의 사법농단을 수사하면서 판사들에 대한 정보를 손에 넣었고, 그 후에도 판사들의 신상과 평판에 대한 정보 수집을 했다는 의혹이 있다. 실제로 윤석열 사단은 마음에 안 드는 판사를 수사하고 기소하겠다고 압박하며 교체하는 실행력을 보여주었다.

넷째, 대통령 당선으로 윤석열 사단은 날개를 달았다. 한동훈 법무부 장관은 판사 인사에 대한 검증 권한을 틀어쥐었고, 윤석열 대통령은 대법원장, 대법관, 헌법재판관을 전부 교체할 수 있는 권한을 얻었다. 윤석열의 서울대 법대와 사법고시 동기와 선후배들인 보수적인 법관들이 주요 요직에 임명되었고 사법부에 대한 더 철저한 장악이 추진되었다.

다섯째, 족벌언론과 법조 기자들은 윤석열 사단의 사법부 압박과 통제를 매우 효과적으로 뒷받침했다. 윤석열 사단에게 고분고분하지 않거나 불리한 판결을 하는 판사들은 족벌언론들의 표적이 돼서 낙인이 찍히고 두고두고 조리돌림을 당했다. 예컨대 족벌언론들은 '윤핵관'인 정진석 의원에게 실형을 판결한 판사가 고3 때 쓴 글까지 찾아내 그를 '노사모'로 낙인찍었다. 윤석열 사단이 정보를 흘리면 족벌언론과 법조 기자들이 그것을 받아서 개별 판사들에 대해 품평하거나 압박하는 구조라고 볼 수 있었다. 개별 판사들이 가장 신경 쓴 것은 민주당 지지자들의 서명 운동이나 규탄 집회가 아니라 이처럼 기득권 카르텔 내부에서 나오는 평판, 압박, 주류언론의 논평 등이라고 봐야 한다.

노동조합이 사법부의 판결에 대한 부당한 외부적 압력이라는 비판을 무릅쓰고 탄원 서명을 받고 집회와 시위를 하면서 공정한 판결을 요구해도, 기본적으로 재벌과 대기업에 유리한 판결이 나왔던 것도 비슷한 맥락에서 이해할 수 있다. 기득권 카르텔의 담합 구조 속에서 증거의 가치를 법관의 판단에 맡기는 '자유심증주의'는 법의 저울이 한쪽으로 기우는 결과를 낳았다.

족벌언론, 정치검찰, 사법부의 이 불공정한 담합 구조 문제는 민주당만 감당해야 할 문제는 아니었다. 그것은 윤석열 사단만 사라진다고 해결될 문제도 아니었다. 있는 죄도 없애고 없는 죄도 만들어내는 주류언론-검찰-사법부의 담합 구조에서 가장 큰 피해를 보게 되는 것이 가장 돈 없고 힘없는 사회적 약자들이라는 점에서 '신성한 사법부의 판결은 일단 존중되어야 한다'는 소극적인 자세는 패배주의적인 것일 수밖에 없었다. 보다 진취적인, 아래로부터의 사법 개혁 요구가 필요했다.

불공정하고 편파적인 판결을 계속 만들어온 현행 사법 질서와 체계를 바꿀 수 있는 길을 찾아야 한다. 중요한 사회 문제에 대한 사회적 합의를 결정짓는 소수의 법관들을 대통령이 단독으로 최종 임명하고, 법원행정처가 판사들을 통제하는 일제 강점기 때부터 이어진 낡은 제도부터 손을 봐야 한다. 민주적인 법관 선출과 탄핵을 위한 제도 마련, 재판의 투명한 공개와 배심원제 확대 등 사법부에 대한 시민적 통제의 길을 여는 것 역시 필수 사항이다. 그리고 이런 일이 시작되려면, 법을 어려워하고 자신을 법원 판결의 수동적 대상으로 위치시키며 법을 자신의 것으로 여기지 못하는 우리 자신의 관성적 사고와 태도부터 바꾸는 것이 필요하다.

16장
이재명
포비아

　　　　　이재명 포비아가 지난 수년간 한국 정치와 사회를 뒤흔든 핵심 변수였다는 것은 누구도 부정하기 어려운 사실이다. 이것은 12·3 쿠데타의 실패로 궁지에 몰린 보수우파가 살아남기 위해 여론조작을 하며 매달리던 핵심 무기이기도 했다. 이들은 '어쨌든 이재명만은 막아야 한다'고 주장했다. 즉, 이재명은 쿠데타를 일으켜 독재자가 되려던 윤석열보다도 더 위험하니, 절대 막아야 한다는 주장이었다. 예컨대 국민의힘 박정훈 의원은 "이재명은 계엄보다 더한 짓도 할 사람이라는 건 상식이 있는 국민이면 동의할 것"이라면서 "이재명을 대통령으로 만드는 건 역사에 더 큰 죄를 짓는 것"이라고 했다. 조선일보도 "이재명 대권 플랜을 위해서라면 경제가 망가져도, 위기가 찾아와도 상관없다는 그 무모함이 소름 끼친다"라며 이재명 포비아를 부추겼다.

　　　　　이재명을 절대악으로 옭아매는 이 악마화 프레임은 2022년 대선 전부터 최근까지 줄기차게 이어졌다. 정치검찰과 족벌언론, 극우 유튜버, 엘리트 지식인 등이 주도한 이 악마화 속에서 이재명은 인륜을 저버린 패륜아, 파렴치하고 무시무시한 괴물로 그려졌다. 여기에는 완전히 사실이 아니거나 허구나 사실을 적절히 섞은 가짜뉴스들이 크게 힘을 발휘했다. '이재명의 부모님은 공산당이었다', '이재명은 강간을 저질러 소년원에 갔다'는 등의 가짜뉴스가 카톡방 등에 돌아다니고 있었는데, 이것을 막으려고 하면 국민의힘은 '카톡 계엄과 검열'이라며 반대했다.

　　　　　이런 극단적 가짜뉴스들을 거부하는 대다수 사람들조차 '이재명은 공직 생활을 하면서 각종 비리 의혹에 연루돼 사법 리스크에서 벗어나지 못하고 있다'는 생각을 상식으로 받아들였다. 실제로 이재명은 비리 혐의들로 검찰에 수차례 소환조사를 받았고, 6차례 기소를 당했고, 대선 직전까지도 10여 개의 혐의로 4개의 재판을 받고 있었기 때문이다. 이런 상황에서 많은 이들은 '그래도 뭔가 문제가 많으니 검찰이 기소하고 법원이 영장을 발부하고 재판을 진행하는 것 아닐까'라고 생각할 수밖에 없었다.

　　　　　하지만 사법 리스크의 핵심을 구성하는 가장 대표적인 사건인 대장동 게이트만 봐도 검찰은 2년 넘게 300번 넘는 압수수색으로 주변까지 탈탈 털고도 이재명에게 간 돈을 단 한 푼도 찾아내지 못했다. 대장동 게이트의 핵심 증거인 정영학 녹취록과 검찰 수사기록 수만 쪽을 "눈에 염증이 생겨"가면서도 샅샅이 뒤지고 몇 번을 읽었다는 뉴스타파 봉지욱 기자는 이재명의 비리에 대한 근거를 하나도 찾아내지 못했다고 고백했다.

그는 오히려 검찰과 언론의 유착 속에서 전개된 법조 게이트가 대장동 사건의 본질이라고 말하고 있다.

요컨대, 윤석열 검찰정권은 대선에서 승리한 후에 눈엣가시 같은 강력한 경쟁자인 이재명을 표적 삼아 영혼까지 터는 마구잡이 압수수색과 표적 수사, '하나만 걸려라' 식의 돌려막기 기소를 하면서 정치 보복과 사법 살해를 시도했다고 봐야 한다. 그런데 주류언론들은 이런 진실을 거의 말하지 않고 오히려 검찰 받아쓰기 보도를 통해서 마녀사냥에 동참해왔다.

이렇게 형성된 이재명 포비아는 이재명에게 무죄를 판결한 판사까지 12·3 쿠데타의 계엄군 체포 명단에 올라가는 참혹한 결과마저 낳았다. 이처럼 강력하게 작동하며 한국 정치에 큰 영향을 끼치고 있는 이재명 포비아에 대해서 넓게 민주진보로 분류되는 언론, 지식인, 정치세력은 어떤 태도를 보였을까? 그들의 태도는 이재명 포비아에 다시 어떤 영향을 끼쳤을까? 몇 가지로 구분해 평가해볼 수 있을 것이다.

첫째는 이재명 포비아에 호응하고 동조하는 태도였다. 정치검찰과 족벌언론들이 쏟아내는 "확정적 중범죄자", "개딸 전체주의" 같은 혐의와 낙인을 기정사실로 단정하면서 이재명 악마화에 동참하는 행태로, 주로 진보적 지식인으로 분류된 이들 중 일부에게서 관찰되었다. 윤석열에게는 우호적이던 이 부류의 일부는 결국 진중권, 김경율, 서민처럼 국민의힘 쪽으로 넘어갔다.

둘째는 이재명 포비아에 올라타서 오히려 그것을 정략적으로 활용하려는 태도였다. 이런 사람들은 이재명으로는 야당이 비호감을 벗어나 중도층의 지지를 얻을 수 없으니 이재명은 사법 리스크에 책임을 지고 물러나야 한다고 주장했다. 이재명 체포동의안 찬성 때처럼 검찰의 칼까지 이용해서 유력한 경쟁자를 제거하려는 의도가 노골적이었는데, 이낙연 신당이 가장 두드러졌고 민주당 안팎의, 이재명과 경쟁 관계에 있는 정치인과 세력에게서 많이 관찰되었다.

셋째는 '윤석열도 문제고 이재명도 문제다'라는 식의 기계적 양비론이었다. 이런 태도는 지난 3년간 진보나 개혁, 또는 중도로 분류되는 주류언론들에서 많이 나타났다. 모든 양비론이 그렇듯이 이것은 실제로는 대립하는 두 세력 중에 더 강자, 즉 윤석열에게 득이 됐다. 이런 태도를 보인 이들은 흔히 '민주 대 반민주 구도는 사라졌다'고 주장했다. 그러나 이런 주장은 윤석열의 반민주적 본색이 적나라하게 드러난 12·3 쿠데타로 산산조각이 나고 말았다. 하지만 12·3 이후에도 쿠데타를 일으킨 윤석열과 그것을 막은 이재명이 적대적 공생관계라는 논리가 완전히 사그라든 것은 아니었다. 예컨대 한국일보 칼럼은 "(이재명은) 반민주성과 독선, 부도덕, 부정의와 불공정 등에서 윤과 동전의 앞뒷면처럼 닮았다"고 주장했다. 또한 이것은 이번 기회에 윤석열과 이재명 모두 한국 정치에서 없어져야 한다는 주장의 발판이 되었다.

마지막 태도는 이재명 포비아에 대한 침묵과 외면이었다. 민주당보다 더 왼쪽의 진보좌파 진영에서 많이 볼 수 있었는데, 이들은 마치 기득권 카르텔 쪽에서의 이재명에 대한 혐오와 폭력 선동이 존재하지 않는 것처럼 이 문제를 무시했다. 모든 차별, 혐오, 폭력에 반대해야 한다는 원칙이 어찌 된 영문인지 여기서는 사라져버렸다. 이재명은 권력자 중의 하나일 뿐이니 검찰과 언론의 공격에 관심 가질 이유가 없다는 태도였다.

지금까지 설명한, 이재명 포비아에 대한 여러 태도는 많은 부분이 중첩되기도 했고, 같은 사람과 세력에서도 여러 가지가 동시에 나타나기도 했다. 하지만 기득권 우파 카르텔의 의도를 막아내며 이재명 포비아 효과를 약화시키지 못했다는 점에서는 마찬가지였다.

바로 이런 상황에서 이재명과 민주당이 이재명 포비아의 압박에 타협하는 흐름이 나타났다. 이재명은 2025년 대선 기간을 거치며 "이념과 진영이 밥 먹여주지 않는다", "검든 희든 쥐만 잘 잡으면 좋은 고양이 아닌가"라면서 "탈이념·탈진영의 현실적 실용주의가 위기 극복과 성장 발전의 동력"이라고 주장했다. 즉, '나는 당신들이 의심하듯이 기득권 세력에 정면 도전해서 급진적인 개혁을 추구하려는 위험한 사람이 아니다'라는 신호를 보냈던 것이다. 그러자 조선일보는 "진심이면 옳은 방향"이라면서 "말이 아닌 행동으로 보여주기 바란다"라고 주문하기까지 했다.

이것은 실로 의미심장한 대목이었다. 기득권 우파가 이재명 포비아를 통해서 끝내 이재명을 제거하지는 못한다 해도 그를 길들일 수는 있다는 것을 보여주었기 때문이다.

이재명 아웃을 노린 조희대의 사법 쿠데타

이재명 후보는 2025년 6월 대선을 코앞에 두고 대선 후보 자격을 박탈당할 중대한 위기에 직면했다. 조희대 대법원장이 신속 재판을 강조하고 6만 쪽 기록을 며칠 만에 다 보는 초능력을 보여주더니, 대법원의 판례도 뒤집고 이재명의 공직선거법 위반 재판을 유죄 취지로 파기 환송한 것이다. 바로 그 다음 날 한덕수는 대선 출마를 선언했다. 그 다음 날엔 국민의힘 대선 후보로 김문수가 확정됐는데, 개혁신당 이준석 후보까지 포함해서 반이재명 보수 후보 단일화에 드라이브를 걸었다. 마치 아주 잘 짜인 각본 같았다.

전무후무한 속도로 진행된 대법원의 이재명 유죄 취지 파기 환송 판결, 그리고 고등법원의 즉각적인 재판 기일 지정이라는 강수는 부동의 지지율 1위의 이재명 후보를 대선투표용지 명단에서 지우겠다는 의도 말고는 도저히 설명할 수가 없었다. 대통령은 시민들이 선출하긴 하지만 '우리가 골라준 후보 중에서' 선출하는 것이라는 게, 조희대 대법원의 판결이 실질적으로 뜻하는 것이었다.

이것은 '윤석열 석방 사태'에 이어서 '빛의 혁명'이 직면한 두 번째 결정적 위기였다. 이미 몇 년 전부터 이재명을 사법적으로 제거하려는 윤석열 검찰과 조희대 사법부의 시나리오는 계속 진행되고 있었다. 2025년 3월 중순의 2심 무죄 판결만 아니었다면, 이 시나리오는 성공할 것이 거의 분명했다. 대법원에서 유죄 확정을 위해 기다리던 조희대 대법원은 2심 무죄 판결에 당황할 수밖에 없었다. 조희대 대법원이 보여준 여러 가지 무리수와 급발진은 이 돌출 변수를 바로잡고 예정대로 이재명의 출마 자격을 박탈해야 한다는 다급함에서 비롯했다. 극우 내란 세력의 중심에 법조 카르텔과 법복 귀족들이 있다는 사실이 이로써 재확인됐다.

하지만 천만다행으로 조희대의 사법 쿠데타는 단 일주일 만에 시민들의 폭발적 분노와 저항 속에서 진압됐다. 사실 조희대의 사법 쿠데타는 2019년 윤석열의 검찰 쿠데타와 비슷한 측면이 많았다. 그때도 저들은 조국은 장관 자격 없는 범죄자라는 프레임과 법 기술을 이용해 민주주의를 짓밟았다. 그때는 2016년 촛불혁명의 성과를 뒤집으려 했다면, 이번에는 '빛의 혁명'을 중단시키고 파괴하려고 했다. 그때는 검찰이 앞장섰고 이번에는 대법원이 앞장섰지만, 둘 다 족벌언론-보수우파-법조 엘리트들로 구성된 기득권 카르텔의 연성 쿠데타 시도라는 점은 똑같았다.

그런데 윤석열의 검찰 쿠데타는 성공했지만, 조희대의 사법 쿠데타는 실패했다. 왜 이런 차이가 생겼을까? 2019년엔 기득권 카르텔이 긴밀하게 단결하고 협력했다. 윤석열을 중심으로 정치검찰, 족벌언론, 기득권 우파가 똘똘 뭉쳤다. 반면,

민주당은 이낙연 지도부부터 역풍을 우려하면서 손을 놓고 있었고 분열되어 있었다. 진보언론들도 대부분 검찰을 편들었고, 진보정당과 시민사회단체들도 혼란 속에 분열해 있었다. 서초동에서 벌어지는 거대한 검찰 개혁 촛불시위에 이들 중 대다수는 일정하게 거리를 두거나 등을 돌렸다. 범죄자인 조국을 지켜줄 이유가 없다는 게 당시 대부분 지식인과 법률가들의 태도였다. 진중권 교수나 김경율 회계사처럼 앞장서서 조국과 그의 가족에게 돌을 던진 이들도 있었다.

하지만 이번에는 전혀 달랐다. 이번에 기득권 카르텔은 김문수-한덕수-이준석의 아귀다툼과 단일화 실패가 보여주었듯 심각한 분열과 갈등의 상태에 있었다. 반면, 민주당은 이재명을 중심으로 똘똘 뭉쳐서 신속하고 단호하게 행동했다. 이번에는 진보언론들과 진보정당, 시민사회단체들도 사법 쿠데타에 함께 반대하고 연대했다. 범죄자인 이재명을 지켜줄 이유가 없다는 식의 태도는 지식인들 사이에서 찾아보기 어려웠다. 제2의 진중권도 나타나지 않았다. 사법부 내에서도 조희대를 비판하는 판사들의 용기 있는 목소리가 터져 나왔고 분노한 민심은 거대한 행동으로 폭발했다. 민주당 지도부는 '역풍'을 걱정하며 몸을 사리는 게 아니라, 오히려 조희대와 대법관들을 탄핵하고 과감한 사법 개혁에 나서라는 대중적 압력에 직면했다.

5부 내란의 진압, 끝나지 않은 혁명

17장
6·3 대선과 쿠데타 진압의 일단락

내란은 마침내 진압됐고 민주주의가 승리했다. 사실 이번 대선 결과는 선거운동에 들어가기 전에 이미 결정돼 있었다. 12·3 쿠데타라는 윤석열의 선제공격이 촉발한 6개월 동안의 거대한 투쟁은 한국사회를 뒤흔들었고, 이번 대선 결과도 결정했다. 12월 3일 밤의 그 장면과 충격, 공포를 절대 잊을 수 없는 사람들이, 지난 6개월 동안 여의도, 광화문, 남태령, 한강진에서 함께 울고 웃으며 투쟁했거나 그것을 응원했던 사람들이 분노와 희망을 담아 투표한 결과였다.

윤석열 정부 3년과 12·3 쿠데타, 1·19 폭동, 윤석열 석방 사태와 조희대의 사법 쿠데타 등을 기억하는 사람들은 김문수의 압도적 패배를 바랄 수밖에 없었다. 그리고 그것은 일부 사람들의 억지스러운 구분과는 무관하게 이재명의 압도적 승리와 분리될 수가 없었다. 이재명의 민주당이 당원과 지지자들의 기대에 부응하며 효능감을 주었기 때문만은 아니었다. 이재명과 민주당이 12·3 쿠데타 진압 과정에서 나름의 역할을 잘 해냈기 때문만도 아니었다. 문제의 핵심은 윤석열 내란 세력과 기득권 카르텔이 지난 5년 동안 집요하게 매달려온 이재명 죽이기와 악마화 공세였다. 그것은 우파 지지층을 묶어 세우는 데 무척 효과적이었고, 심지어 쿠데타 실패 속에서도 공포와 혐오를 통해 김문수 후보의 득표율을 40% 넘게 끌어올린 비결이었다.

하지만 이 지독한 마녀사냥은 억지로 만들기도 어려운 신화적 서사와 아우라를 이재명 후보에게 선물해주었다. 이재명 지지자들은 수많은 고난과 죽을 고비를 넘기면서 피로써 다져진 전우애 같은 것을 공유하게 됐다. 또 윤석열과 김문수에 반대하는 사람들은 다른 누구도 아닌, 기득권 카르텔이 그토록 증오하는 이재명을 통해서 저들을 심판하고 싶은 생각이 절실해졌다. 사상 최대의 정적 죽이기 마녀사냥이 사상 최대의 득표수로 승리한 야당 지도자를 낳았다.

하지만 김문수는 마치 목마른 사람이 계속 소금물을 들이키듯 오로지 이재명에 대한 인신공격과 네거티브에만 매달렸다. 실패로 끝난 단일화와 이것 말고는 아무것도 준비한 것이 없었기 때문이다. 네거티브 공세 말고 '뭘 하겠다'는 부분은 윤석열의 정책과 노선을 그대로 베낀 것밖에 없었다.

김문수의 선거 구호들은 총체적 카오스만 보여줄 뿐이었다. 투표하라면서 부정선거를 주장하고, 이승만을 찬양하면서 4·19도 찬양하는 식이었다. 한쪽에서는 윤석열과 손을 잡았고, 한쪽에서는 윤석열과 선을 그었다. 즉, 김문수의 선거 전략과 방향에서 일관성은 찾을 수가 없었다. 친윤, 친한 등으로 쪼

개진 국민의힘 지도부는 선거를 포기한 것처럼 당권만 노리며 보란 듯이 서로 물어뜯었다. 이것은 국민의힘과 기득권 카르텔이 직면한 분열과 위기를 드러냈다.

기득권 카르텔을 구성하는 국민의힘, 검찰, 족벌언론, 재벌은 이번 선거에서 긴밀한 협력이 아니라 손발이 따로 노는 각자도생의 모습을 거듭 보여주었다. 기득권 카르텔의 분열과 위기는 한덕수와의 단일화 실패가 낳은 아노미적 상황뿐 아니라 이준석과의 단일화 실패에서도 드러났다. 김문수와 이준석은 끝내 단일화를 하지 못했는데, 어떤 약속도 믿을 수 없고 언제든 뒤통수를 맞을 수 있다는, 서로에 대한 심각한 불신 때문이었다.

결국 이준석은 기득권 카르텔과 우파 지지층의 일부가 미래를 위해 자신에게 배팅할 것을 기대했겠지만, 성과는 커 보이지 않는다. 왜냐하면 이준석은 낡은 보수우파를 넘어선 새로운 우파의 대안이 아니라 그냥 '40대 윤석열이나 김문수'로 보였기 때문이다. 그것을 가장 극적으로 보여준 것이 대선 후보 3차 토론에서의 '젓가락' 발언이었다. 이것은 그동안 국민의힘이 줄곧 우려먹던 이재명 형수 욕설 공세를 더 야비한 방식으로 확장한 것이었다. 이준석이 강조한 '압도적 새로움'은 극우적 혐오 정치의 업그레이드에 그쳤다.

이준석의 방식은 기성 세대와 다른 청년 정치나 양당 체제를 벗어난 제3지대라는 식의 사기극을 펼치며 지지자를 확대하기에는 적합하지 않은 것이었다. 물론 이민자와 소수자에 대한 차별과 막말, 노골적인 성폭력적 언행으로 '어그로'를 끌며 대통령이 된 트럼프의 성공 모델이 존재한다. 보수우파의 위기를 기회로 여긴 이준석도 비슷한 효과를 노리고 리스크가 큰 승부수를 던진 것으로 보였다. 하지만 이번 대선 결과는 그것이 별로 성공적이지 못했다는 것을 보여주고 있다.

이준석이 이재명을 집중 공격하며 존재감을 드러내려 했듯이, 그 반대편에서 민주노동당 권영국 후보는 김문수와 이준석을 집중 공격하는 전술을 취했다. 이재명에게는 그도 광장의 일부였음을 인정하면서 '광장에서 멀어지지 말라'고 요구하는 모습을 보였다. 이것은 과거에 심상정 정의당 후보의 '윤석열이나 이재명이나 별로 다를 게 없다'는 양비론적 방식과는 다른 접근이었다. 더구나 권영국 후보가 있었기에 그나마 이번 대선에서 정치개혁, 기후위기, 한반도 평화에 대한 진지한 정책 토론이 가능했다. 무엇보다 권영국 후보는 광장에서 울려 퍼지던 소수자와 여성 청년들의 목소리를 가장 잘 대변한 후보였다. 20대 여성들의 상대적으로 높은 지지가 그것을 보여준다.

하지만 진보정치의 분열과 정의당의 기존 행보가 낳은 쇠퇴의 흐름을 권영국 후보가 되돌리기는 역부족이었다. 이 흐름을 되돌리려면 적어도 세 가지가 필요했다. 첫째, 정의당(과 노동당과 녹색당)의 지지자들을 단단히 묶어 세우는 것. 둘째, 진보당 등과도 협력할 수 있다는 가능성을 보여주는 것. 셋째, 민주당과 진보정당 사이에서 고민하거나 열려 있는 사람들에게 다가가는 것. 권영국 후보의 선거운동이 이 방향으로 가고 있었는지는 분명하지 않았고, 심지어 그 방향으로의 전진을 막아서는 힘까지 여전히 내부에서 작동했다. 하지만 다음 선거를 위해서만이 아니라 광장의 목소리를 실현할 정치적 길을 찾기 위해서라도, 이런 세 가지 방향은 매우 중요하다.

사실 이번 대선 결과는 각 당에서 자신들의 후보를 선출하는 과정에서 이미 그 결과가 어느 정도는 드러나 있었다. 민주당 이재명 후보는 당원 중 62만 명이 참가한 투표 속에서 후보가 됐고, 국민의힘 김문수 후보는 당원 중 40만 명이 참가한 투표 속에서 후보가 됐다. 개혁신당 이준석 후보는 당원 4만여 명이 참가한 투표 속에서 후보가 됐고, 민주노동당 권영국 후보는 지지자 6,500여 명이 참가한 투표 속에서 후보가 됐다. 나중에 사퇴했지만, 진보당 김재연 후보는 당원 2만 8,000여 명의 투표 속에서 후보가 됐다. 각 정당의 년간 당비 수입의 규모를 비교해도 비슷한 격차가 나온다.

이 격차는 각 정당을 지지하거나 우호적인 주류언론, 유튜브 등 뉴미디어, SNS에서 영향력과 풀뿌리 조직의 규모에서도 확인된다. 민주당이 가장 크고, 국민의힘은 그보다 작고, 나머지 정당들은 그 10분의 1도 안 되는 수준이다. 물론 주류언론으로 보면 국민의힘이 더 커 보였다. 하지만 저물고 있는 레거시 미디어와는 달리 떠오르고 있는 뉴미디어들에서 민주당을 지지하는 유튜브 방송들의 영향력은 압도적이었다.

이번 대선에서도 주류언론들은 이준석 젓가락 발언조차 외면하고 유시민의 설난영 발언을 의제 삼으려고 발버둥쳤다. 하지만 대선 막판에 진짜 의제로 떠오른 것은 뉴스타파가 특종 보도한 리박스쿨의 댓글 공작이었다. 이것은 레거시 미디어의 쇠락과 뉴미디어의 힘을 보여준 상징적 장면이었다.

물론, 그럼에도 40%를 넘긴 김문수의 득표가 보여주듯 기득권 카르텔과 그 일부인 족벌언론들의 힘을 가볍게 볼 수는 없다. 이들은 먼저 이번 대선이 12·3 쿠데타의 결과로 만들어졌고, 그것을 일으킨 내란 세력을 심판하기 위한 선거라는 사실을 사람들의 기억 속에서 지우려고 했다. 그리고 존재하지도 않는 3자 구도를 만들어서 이준석의 몸집을 키워준 다음에 단일화 노래를 반복 재생했다. 적대적으로 공존하는 양당 모두가 문제라는 기계적 양비론도 또 우려먹었다. 김문수와 이준석의 인신공격과 이재명의 내란 비판을 모두 '네거티브적 진흙탕 싸움'으로 묶어서 정치 혐오를 부추기기도 했다. '여성의 목소리가 사라진 대선', 더 정확히 말하자면 '광장의 목소리가 사라진 대선'은 바로 이들 주류언론이 만들어낸 결과였다. 민주당의 '우클릭'도 기득권 카르텔의 압박과 무관하지 않았다.

더 정확히 말하자면, 민주당은 원래 중도 좌우를 포괄하는 자유주의 정당이었다. 보수 인사의 영입도 전혀 새로운 현상이 아니었다. 실제로 벌어진 사건은 이재명의 민주당 적응과 장악이었다. 민주노총 위원장 한상균을 노동부 장관으로 임명하고 싶다던 변방의 비주류 이재명은 실용주의를 강조하는 주류 정치인으로 완전히 변신해 있었다.

물론, 여기에는 양면이 있다. 이재명의 우클릭과 민주당 장악은 맞물린 과정이었고, 그렇게 힘을 다지고 키운 민주당은 이제 국민의힘의 지역적·정치적 기반을 갉아먹고 있다. 그래서 오랜 일당독재 속에서 만들어지고 1990년 3당 합당을 통해서 기반이 확대된 보수정치 카르텔은 곳곳에서 금이 가고 갈라지고 있는 상황이다. 이것 또한 '빛의 혁명'이 만들어낸 결과물이다.

한편, 이제 막 등장한 이재명 정부는 지지자들의 요구뿐 아니라 자신들의 필요 때문에도 검찰, 언론, 사법부 등 기득권 카르텔과 권력기관에 대한 개혁을 추진할 수밖에 없다. 물론, 이 과업은 결코 만만한 것이 아니어서 결사적 저항과 반발에 부딪힐 것이 분명하다.

따라서 이재명이 이번 대선에서 "원칙적으로 동의하지만 당장은 어렵다"고 한 차별금지법 제정 등은 어려워질 가능성도 있다. 진보당과 조국혁신당, 시민사회단체들이 민주당에게 약속받은 「새로운 대한민국을 위한 광장대선 연합정치 시민연대-제 정당 연석회의 공동선언문」도 마찬가지다. 여기에 담긴 성평등과 사회대개혁에 대한 추상적인 약속들은 민주당의 의지에 따라서가 아니라 사회운동이 얼마나 더 강력하고 폭넓게 힘을 모으느냐에 따라서 그 구현 여부가 좌우될 것이다. 만일 우리가 팔짱을 끼고서 민주당 정부만 탓하면서 개혁의 동력이 될 투쟁과 연대를 만들어내지 못한다면, 문재인의 실패가 윤석열의 등장을 낳은 악순환은 또다시 반복될 수 있다. 기득권 우파와 권력 카르텔은 위기와 분열을 벗어나지 못하겠지만, 그들에게 반격의 무기는 여전히 남아 있기 때문이다.

많은 이들이 브라질에서 사법 쿠데타의 피해자가 됐

다가 2022년 대선에서 대통령으로 복귀한 브라질 노동자당과 룰라의 경험을 이재명과 비교한다. 당시에 극우 대통령 보우소나르는 쿠데타까지 시도하며 대선 결과를 뒤집으려 했지만 실패하고, 역사에서 사라지는 듯했다. 하지만 이야기는 그것이 끝이 아니다. 보우소나르는 아직도 구속되지 않았고, 지난해 지방선거에서 보우소나르의 자유당은 다시 주요 도시를 장악했다. 반면, 룰라 대통령의 지지율은 계속 떨어지고 있다. 한국에서 이런 그림이 반복될 가능성은 결코 낮지 않다.

18장
2030 남성
보수화 논란
—원인과 해법

2024년 4월 총선, 방송 3사 출구조사를 살펴보면, 20대 남성의 31%가 국민의힘을, 17%가 개혁신당을 지지했다. 이 통계에서 우리는 2022년 대선 당시 윤석열 후보를 지지한 2030 남성의 일부가 그 지지를 철회했다는 사실을 확인할 수 있다. 하지만 이들의 관심과 지지는 2030 여성들처럼 민주당이나 진보적 야당들만이 아니라 이준석 당 같은 새로운 우파정당으로도 향했다. 신극우 세력의 혐오 정치와 갈라치기가 이들에게 여전히 작동했던 셈이다. 윤석열 정권을 만드는 데 앞장선 이준석 전 국민의힘 대표가 권력 다툼 끝에 탈당하고 새로운 당을 만들었듯이, 윤석열 지지를 철회한 2030 남성들의 일부는 보수우파 정치세력의 지지자로 남았다.

2024년 12월 3일 밤 이후는 어땠을까? 이준석과 개혁신당이 윤석열과 '손절'하고도 광장의 투쟁과는 거리를 두었듯이 청년 남성들의 상당수는 광장으로 나서지 않고 일종의 관망자로 남았다.

2025년 대선 출구조사 결과는 더 충격적이다. 20대 남성의 이준석 후보 지지와 김문수 후보 지지를 합치면 무려 74%나 됐다. 쿠데타의 실패와 윤석열 파면으로 이어진 물결 속에서도 청년 남성들이 기득권 카르텔의 정치적 영향력에서 벗어나지 못하고 있음을 확인해준 결과였다. 윤석열 쿠데타 국면에서 보수우파의 반동적인 본질과 행태가 적나라하게 드러났는데도 이런 결과가 나온 것은 사실 충격적인 측면이 있다. 이준석 후보와 개혁신당은 내란 진압 과정에서 별다른 기여도 하지 않았고, 대선에서는 김문수와 협력해 온갖 네거티브와 갈라치기 혐오 선동만 했다는 사실을 생각해 보면, 더욱 의아한 결과가 아닐 수 없다.

2025년 초 시사인+한국리서치가 실시한 여론조사에 따르면, "지나친 페미니즘의 영향을 막기 위해서라면 법규칙을 어기거나 무력을 사용하는 게 정당화될 수 있다"에 20대 남자 32%, 30대 남자 25%가 동의했다. 비슷한 시기 동아시아연구원(EAI) 조사에서도 20대 남성 23.6%가 "상황에 따라 독재가 민주주의보다 낫다"에 동의했다.

물론, 이러한 데이터를 가지고 '청년 남성들이 극우화 됐다'고 일반화하거나 과장할 수는 없는 노릇이다. 더구나 성 소수자 문제 등에서 청년 남성들 대부분의 태도는 전통적 보수와 달리 분명 진보적이다. 하지만 이 현상을 '보수화'가 아니라 '기성 체제에 대한 불만과 분노의 왜곡된 표현'이라고 물타기할 수도 없었다. 불만과 분노가 보수정당과 후보에 대한 분명한 지지로 나타난 것이기 때문이었다.

따라서 청년 남성의 상당수가 몇 가지 모순 속에서도 정치적 보수화(소수는 극우화)의 흐름을 보여주고 있다는 사실을 인정하고 이야기를 시작해야 한다. 그래야 그 원인이 무엇이고 책임이 누구에게 있는지에 관한 발전적 토론이 가능해진다.

왜 청년 남성의 상당수가 보수화하며 보수정당과 후보를 지지하게 된 걸까? 조선일보 기자 출신인 조귀동 작가는 "세습 중산층 사회"가 된 한국에서 구조적 불평등에 대한 불만이 청년 남성들 속에서는 반민주당 정서로 나타난다고 지적한다. 민주당은 "고소득-고학력 중산층"을 중심으로 한 "가진 자들의 주류정당"이 됐기 때문이라는 것이다. 더구나 "20대 신규 취업자를 살펴보면, 제조업 일자리가 엄청 줄었다. 신규 창출되는 일자리 상당수는 과거와 비교해 여성 친화적이다. 여성에 대한 교육 투자가 늘고 여성도 고학력이 되면서 교육 영역에서는 남녀 차별이 많이 없어졌다." 이런 상황에서 자산이 적은 수도권의 청년 남성들은 "일종의 피해의식"을 가지고 있고 이는 이준석 지지로 이어졌다는 설명이다.✿

그러나 이런 설명은 왜 청년 남성들의 불만이, 훨씬 더 노골적으로 부와 권력의 세습을 대변해온 국민의힘이 아니라

✿ 김도연, "고학력-고소득 중산층의 민주당, '동여의도 포퓰리즘'에 빠질 수 있다", 슬로우뉴스, 2025. 5. 26.

민주당으로 향했는지 그 이유를 말해주지 않는다. 더불어 20대 남성과 20대 여성의 노동시장에서 여러 지표를 비교하면, 취업률과 실업률에서 남성에 비해 여성의 처지가 더 나아졌다는 근거는 찾을 수가 없다. 그뿐 아니라 고용의 질(임금 수준, 불안정성, 비정규직 비율, 경력 단절 등)을 비교하면, 저임금의 불안정한 일자리에서 비정규직으로 일하고 있는 여성의 비중이 남성보다 훨씬 높다. 결국 조귀동이 지적하고 이준석 같은 정치인이 부추기는 청년 남성의 '여성에 대한 피해의식'은 별반 근거가 없다.

다른 한편, 하헌기 전 민주당 청년대변인은 청년 남성의 보수화가 "이준석이 갈라치고 혐오의 정치를 한 결과가 아니라 민주당과 진보진영이 통합이라는 본령으로서의 정치에 실패한 결과"라고 주장한다. 그러면서 문제인 정부나 페미니스트들이 2018년 혜화역 시위 같은 "이상한 요구를 하는 시위를 페미니즘 담론으로 포장해준 것"이 문제였다고 말한다. (페이스북 2025. 6. 8) 그러나 혜화역 시위는, 몇 가지 문제점이 있었지만, 명백히 심각한 디지털 성폭력이 낳은 실질적 고통과 공포의 결과였다. 그 시위의 주요 요구들(여성 신체 불법 촬영 엄벌과 불법 영상을 올리는 사이트와 카메라 단속)은 정당했고 실제 제도 개선으로도 이어졌다. (물론 N번방 사건이 보여줬듯이 아직도 갈 길이 멀다.)

그런데 하헌기는 이 모든 것을 무시하고 혜화역 시위를 트랜스젠더 등을 배제하고 남성을 혐오하는 워마드가 주도한 이상한 집회라고 낙인찍었다. 이것은 이준석이 페미니즘을 공격하던 수법(페미니즘=워마드=일베와 다를 게 없다)을 반복하는 것이었다. 하헌기는 이준석에게 면죄부를 주며 "갈라치기는 진보진영이 했다"며 문재인 정부에 책임을 떠넘겼다.

양승훈 교수의 주장도 비슷하다. 그는 "민주당이 2030 남성에게 정치적 공간을 제공한 적이 없다"면서 청년 남성에게 "무언가라도 답하는 사람은 이준석밖에 없었다"고 주장했다.✤ 이 주장에 따르면, 대선에서 이재명을 찍은 20대 남성의 25%, 30대 남성의 37%는 '자기 말을 듣거나 답을 하지도 않는 사람'에게 호응한 셈이다.

진실은 이준석만 청년 남성들에게 듣고 답한 게 아니라, 서로 다른 방식과 내용의 '듣기와 답하기'가 있었고 이준석 방식의 듣기와 답하기는 그중에서도 최악이었다는 것이다. 2025년 6월 중순 기준으로 무려 57만여 명이 이준석 의원직 제명에 서명했다는 사실이 이를 잘 말해준다.

정리하자면 청년 남성들의 보수화에 대한 몇 가지 부정확한 설명들을 연결하면 결국 이러한 주장이 된다—경기 침체 속에 청년 남성들은 노동시장에서 고통받고 더 불리한 위치에 처하며 피해의식을 가지고 있다. 그런데 워마드 같은 극단적 페미니즘이 득세하면서 더욱 반감을 가지게 됐다. 민주당은 페미니즘 운동에 동조하며 청년 남성들의 목소리나 불만을 듣지

✤ 김도연, "'산업 가부장제'의 몰락, 이대남들이 분노하는 이유 들어봤나", 슬로우뉴스, 2025. 6. 15.

않았다. 반면, 이준석 같은 보수 정치인들은 어떤 식으로든 귀를 기울이고 대책을 제시했다…. 이 서사에, 민주당 586 정치인들이 보여준 위선과 내로남불에 대한 환멸 때문에 청년 남성들이 민주당을 더 싫어하게 되었다, 차라리 솔직하게 불평등을 주장하는 보수우파를 지지하게 됐다는 설명이 덧붙여지면, 뭔가 그럴싸한 그림이 된다.

그러나 이런 설명은 사실에 근거하기보다는 허구적 프레임과 존재하지 않는 허수아비를 바탕으로 하고 있다. 왜 그럴까? 앞서 지적했듯, 노동시장에서 청년 남성들은 청년 여성보다 더 불리해진 적이 없다. 또한 지금 청년 남성들의 보수화가 일자리의 감소와 불안정성 등 경제적 고통 심화에 대한 반작용이라는 분석도 일면적이고 부정확하다. 더욱 심각한 경제적 고통과 불안정을 겪는 청년 여성들이 오히려 진보적 성향을 보이고 있기 때문이다. 따라서 경제가 성장하고 일자리가 늘어나면 남녀가 갈라져서 싸우지 않을 것이라는 기대도 섣부른 면이 있다. 경제 상황과 불평등 정도가 나쁘지 않은 북유럽에서도 청년 남성의 보수화는 나타나고 있다.

그렇다면 청년 남성의 보수화는 한국사회의 진보와 개혁을 가로막고 다시 되돌리려는 기득권 카르텔의 반동 속에서 나타난 현상으로 보는 게 합리적이다. 2016년 촛불항쟁으로 탄생한 문재인 정부의 개혁 정책들이 가장 큰 벽에 부딪힌 시기와 청년 남성들의 보수화가 나타난 시기가 일치하는 것은 우연이 아니다. 2016년 촛불항쟁이 낳은 개혁의 흐름은 2016년 강남역 사건이 낳은 '페미니즘 리부트'(활성화)와 분리될 수 없었는데, 기득권 카르텔은 검찰 개혁과 언론 개혁만이 아니라 성평등을 향한 여성들의 요구와 개혁에도 반대했다. 가부장적 성차별 구조는 기득권 카르텔의 핵심적 기반이기도 했기 때문이다. 이 과정에서 보수 정치세력은 청년 남성들을 청년 여성들과 갈라치며 반개혁과 백래시(반동)의 편으로 빼돌리기 위한 온갖 시도에 나섰다. 그들은 성평등에 대한 요구를 '공정한 경쟁과 능력을 존중하지 않고 남성을 역차별하는 것'으로 왜곡하면서, 청년 남성들 일부가 페미니즘과 그것에 상대적으로 친화적인 민주당에 적대감과 원한 감정을 가지도록 하는 데 성공하게 된다.

그 결과, 2016년 촛불항쟁의 중요한 일부였던 청년 남성들이 '촛불 동맹'에서 이탈하기 시작했다. 이 과정에서 족벌 주류언론들이 제공한 프레임이 주효했다. '민주당의 586 정치인들은 내로남불의 위선자들이다', '윤석열 검찰은 공정과 상식의 목소리를 대변하고 있다', '국민연금의 고갈 위기와 세대 간 착취가 벌어지고 있다'는 프레임들이 대표적이었다. 양당의 적대적 공존에 지친 제3지대를 대표한다며 이준석의 힘을 키워준 것도 주류언론들이다.

이와 더불어, 남초적인 온라인 커뮤니티와 게임과 도박 사이트, 유튜브에서 이른바 짤, 밈, 쇼츠를 통해 놀이처럼 혐오를 소비하는 청년 남성 또래 문화도 이준석 같은 신우파 정치인들의 혐오 정치가 번식할 땅을 제공했다.

가부장적인 남성성과 상대적 특권을 당연하고 정당한

권리처럼 여기게 하는 뿌리 깊은 사회구조와 문화가 이것을 더 용이하게 만들었다. 이런 구조와 문화에서는 페미니즘 운동의 성장과 성차별의 감소가 '남성 권리의 박탈'로 여겨지게 된다. 한국사회에서 가부장제와 군사주의의 핵심 토대인 군대와 병역 문제도 빼놓을 수 없다.

이 모든 것이 상호작용해 힘을 발휘했고, 그 결과 이미 지난 2022년 대선 때부터 청년 남성의 상당수가 이재명 포비아를 받아들이며 여성가족부 폐지를 내건 윤석열 정권과 기득권 카르텔의 주요 정치적 기반으로 변해 있었다. 윤석열의 쿠데타가 촉발한 '빛의 혁명'은 이러한 기득권 카르텔의 반동과 반페미니즘적 백래시에 맞선 거대한 반격이었지만, 한 번에 모든 것을 되돌릴 수는 없었다. 더구나 윤석열과 내란 세력은 이에 대한 반혁명을 시도하면서 거듭해서 '청년'을 호명하고 '계몽'을 시도했다. 예컨대 윤석열은 탄핵 심판 최후진술에서도 "우리 청년들이 주권을 되찾고 나라를 지키기 위해 나서고 있습니다. (…) 이것만으로도 비상계엄의 목적을 상당 부분 이루었다는 생각이 듭니다"라고 했다.

이번 대선에서 이준석은 계엄과 선을 그으며 김문수와의 단일화를 거부했고, 더 많은 청년 남성들이 이준석에게 투표했다. 이것은 기득권 우파와 권력 카르텔의 위기와 분열을 보여준다. 이제 이 세력은 이준석 등을 중심으로 보수정치를 재구성하면서 청년 남성들 속으로 더욱 파고들며 위기를 벗어나려 할 것이다. 조선일보의 평가가 이를 방증해준다. 조선일보는 이렇게 썼다. "18~29세 청년의 절반 이상이 범보수 진영을 지지한다. (…) 보수정치에 미래가 없는 것이 아니라 그 반대로 확실하게 미래가 있는 것이다. (…) 이준석 후보는 '미래 보수'의 등대 역할을 계속하게 될 것으로 생각한다."✿

이 모든 상황을 살펴볼 때 청년 남성 보수화 문제에 대한 답은 어느 정도 나와 있다고 봐야 한다. 지금 필요한 것은 정파를 넘어서 기득권 카르텔에 맞서 민주주의 강화, 권력기관 개혁, 노동권 신장, 젠더 정의, 기후위기 대응을 위한 가장 광범한 연합을 구축하고 강화하면서 청년 남성들을 이 연합에 다시 동참시킬 길을 찾는 것이다. 이러한 광범한 연합은 '빛의 혁명'이 제기한 사회대개혁의 과제를 성공시키기 위해서도 매우 중요하다. 이를 통해서 검찰·언론·사법 개혁 등을 진전시키고 차별과 불평등의 문제를 해결해 나간다면 기득권 카르텔이 청년 남성들의 불만을 여성과 소수자에 대한 혐오로 돌리는 것을 막을 수 있다.

주류언론, 유튜브, 온라인 커뮤니티들이 혐오와 차별 프레임과 갈라치기 언어가 유포되는 통로가 되지 않도록 제도를 개선하고 보완하는 일도 필요하다. 이 과정에서 '남성은 강하고 능력 있고 나라를 지키고 가족의 생계를 책임져야 한다'는 가부장적 남성성을 넘어서 성평등에 기반한 대안적 남성성을 제시할

✿ 양상훈, "'미래가 있는 보수' 희망 보여준 대선", 조선일보, 2025. 6. 5.

필요도 있다.

　　　　　민주당보다 왼쪽에 위치한 정치세력과 사회운동도 스스로를 돌아봐야 한다. 청년들은 원래 중도 좌우보다는 더 급진적 해결책에 끌리는 경향이 있는데, 오늘날 극우가 득세하는 나라들의 공통점은 급진적 진보좌파 세력이 극히 취약하고 분열돼 있다는 것이다. 결국 그 공백을 급진적(극단적) 우파 세력이 메우게 된다. 우리 사회도 비슷하다. 민주당은 그나마 청년 여성들의 압도적 지지를 얻고 있고, 청년 남성들 속에서도 결코 작지 않은 지지를 얻고 있다. 반면, 대선에서 민주당 왼쪽의 진보는 분열했다. 진보 후보 권영국의 경우 청년 남성 득표율이 아주 미미한 수준이었고, 청년 여성의 권영국 지지율도 이준석보다 낮았다. 전체 득표율이 워낙 낮아서 청년 여성들에게 얻은 득표가 상대적으로 커 보였지만 말이다. 진보정치의 이러한 공백은 청년 남성들을 보수적·극우적 해결책으로 유혹하려는 정치세력에게 기회임이 분명하다. 청년 남성 보수화 문제를 해소하기 위해서라도 민주당과 그 왼쪽의 정치세력이 함께 힘을 모으고 키워나가는 일이 필요하다.

19장
조국혁신당과
진보정당들

조국혁신당은 2024년 4월 총선에서 창당 한 달 만에 12석을 얻으며 제3당으로 등장하는 돌풍을 일으켰다. 놀라운 결과가 아닐 수 없었다. 당의 얼굴이자 핵심적인 지도자인 조국 전 법무부 장관의 거침없는 발언과 활약이 큰 구실을 했다. 조국 전 장관은 윤석열 대통령과 김건희 씨를 "수사도 기소도 받지 않는 범죄 집단"이라고 정면으로 겨냥하며 "3년 반은 너무 길다. 윤석열 정권을 조기 종식시키자"고 주장했다. 그리고 윤석열의 쿠데타 실패, 국회 탄핵과 헌재 파면으로 결국 그 약속은 지켜졌다.

조 전 장관이 검찰 수사를 받고 재판을 받으며 주류언론의 지탄을 받고 있을 때만 해도 이런 상황 전개를 예측한 사람은 많지 않았다. 지난해 2심 판결에서도 재판부는 조 전 장관이 "범행을 인정하거나 잘못을 반성하는 태도를 보이지 않고 있다"며 또다시 실형을 선고했고, 한겨레 같은 진보언론도 "먼저 고개를 숙이고 용서를 구하는 것이 도리"라면서 조 전 장관을 탓했다. 하지만 조 전 장관은 2심 선고 직후에 "검찰 개혁을 추진하다가 무수히 쓸리고 베였지만 그만두지 않고 검찰 독재를 막는 일에 나설 것"이라며 정치 활동을 선언했다. '검찰 개미지옥'에 빠져서 5년 동안 발버둥치다가 살아 돌아온 사람에게 더는 무서운 것이 없어 보였다.

조국혁신당은 창당 한 달 만에 총선에서 큰 성과를 얻었는가 하면, 12·3 쿠데타를 저지하는 과정에서도 중요한 역할을 했다. 다양한 정치적 해석이 가능하겠지만, 이것은 무엇보다 2019년 서초동을 뜨겁게 달구었던 거대했던 '검찰 개혁 촛불시위'의 정치적 부활이었다.

당시 촛불시위는 2016년 촛불혁명의 한계 속에서 등장했다. 촛불혁명은 헌법재판소를 통한 대통령 탄핵과 선거를 통한 정권교체라는 제도권 절차에 갇혀 마무리됐다. 이 과정에서 행정부는 문재인 정부로 교체됐지만 입법부, 사법부에는 여전히 구세력들이 강력했고, 무엇보다 재벌-족벌언론-검찰이라는 진짜 권력자들은 여전했다. 이 진짜 권력자들이 촛불혁명을 파괴하려고 시작한 연성 쿠데타가 '조국 몰이'였다. 검찰의 마녀사냥은 '살아 있는 권력에 대한 정의로운 견제'로 포장됐는데, 많은 진보언론과 진보적 지식인들도 이것을 진실로 받아들였다. 문재인 정부와 민주당 이낙연 지도부도 무기력하게 대응했고, 모두가 자기에게도 '조국 묻을까 봐' 손절하기 바빴다.

바로 이 상황에서 예기치 않게 서초동에서 솟구쳐 오른 것이 검찰 개혁 촛불시위였다. 2016년 촛불혁명의 참가자들이 검찰과 언론의 연성 쿠데타에 맞서 다시 거리로 나섰다. 당시 민중언론 참세상이 서초동 시위 참가자들을 상대로 설문 조사한 결과를 보면 80%가 '2016년에도 광화문 촛불시위에 참가했다'고 답했다.

두 달 가까이 거의 연인원 백만에 가까운 사람들이 거리로 쏟아졌지만, 민주당은 물론이고 진보정당들도 그들의 목소리를 대변하지 않으면서 서초동 촛불시위는 차츰 사그라졌다. 2020년 총선에서 검찰 개혁의 요구를 대변한 열린민주당이 존재하기는 했지만, 곧 민주당에 흡수되고 말았다.

그러나 2019년 서초동 검찰 개혁 촛불시위의 힘과 목소리는 5년 후에 조국혁신당의 등장으로 정치적으로 부활했다. 당시 촛불을 들었던 사람들은 이제 자신들의 의사를 표현할 공간을 찾게 됐다. 일종의 '역사의 복수'였다. 이 모든 게 지난 5년간 조국 가족을 그야말로 멸문지화시키면서 돌아올 수 있는 다리까지 불태워버린 윤석열과 기득권 카르텔이 스스로 자초한 결과라는 것은 지독한 역설이 아닐 수 없었다.

조국혁신당은 선명성을 버리고 중간적인 위치로 이동해야 한다는 정치공학적 논리를 거부하고 검찰 개혁 등에 대해 가장 급진적인 주장을 하면서 순식간에 큰 지지를 얻었을 뿐 아니라 그러한 급진성이 중도층까지 흡수할 수 있다는 것을 보여주었다. 이준석이나 이낙연의 '제3지대 신당'들처럼 윤석열과 이재명을 동급으로 취급하는 양비론적 태도를 취하지도 않았다. 오히려 민주당보다도 더 빠르고 강하게 윤석열 정부와 검찰 독재에 맞서서 싸우겠다고 말했다.

그리하여 진짜 '제3지대'는 민주당 왼쪽에서 보수우

파에 더 철저하고 일관되게 싸우는 세력을 기대하는 사람들 속에 있었다는 것을 증명했다. '조국의 강'은 레거시 미디어들이 만들어낸 허상 속에서만 존재했다는 것도 증명했다. 수많은 시민들이 기대했던 것은 검찰과 언론의 방해 공작을 뛰어넘어서 검찰 개혁을 성공시키고, 그것을 더 폭넓은 사회경제적 개혁으로 발전시킬 수 있는 의지와 능력을 가진 정치세력이었던 셈이다.

조 전 장관은 "민주당보다 더 진보적인 정당, 민주당보다 더 빨리 행동하는 정당, 민주당보다 더 강하게 싸우는 정당을 만들고자 한다"면서 방향을 분명히 했다. 이 발언은 당연히 기존의 진보정당들을 떠올리게 했다. 기득권 우파와 검찰-언론 카르텔에 가장 앞장서 결연하게 맞서는 것은 진보정당의 몫이라고 여겨졌기 때문이다. 노회찬 의원은 떡값검사들의 명단을 폭로하며 정치검찰의 표적이 됐었고, 이정희 의원은 2012년 대선 때 박근혜 후보 눈앞에서 "다까기 마사오"라고 일갈했다. 하지만 종북몰이와 통합진보당 강제 해산 이후 지난 10여 년간의 위기와 분열, 정치적 혼란 속에서 이제 그런 결기는 희미해졌다. 결국, 조국혁신당은 민주당뿐 아니라 진보정당들도 충분히 대변하지 못하던 이들의 마음을 파고들었고, 더 넓은 정치적 공간을 확장하는 데 성공했다. 그러나 조국혁신당의 돌풍은 진보정당의 분열과 위기를 반증하는 결과이기도 했다.

조국혁신당이 과연 기존의 진보정당들이 놓치고 있던 목소리들을 대변할 수 있을까? 단지 검찰과 언론 개혁만이 아니라 진보진영의 오랜 과제였던 차별금지법 제정, 국가보안법 폐지, 사형제 폐지, 탈화석연료, 탈핵(탈원전), 혼인평등법 등까지 과제로 받아들이며 완수할 수 있는 능력을 보여줄까? 아니면 기존의 진보정당들이 다시 지금의 위기와 분열을 극복하면서 대중적 기반을 회복할 수 있을까? 한국 정치의 미래를 판가름할 물음들이 아닐 수 없다.

22대 총선, 정의당과 진보당

2024년 4월에 치러진 22대 총선에서 녹색정의당은 심각한 정도로 추락했다. 지난 10년간 원내 유일 진보정당의 자리를 차지하고 있었고, 지난 21대 국회에서는 10% 가까운 지지로 6석을 지켰던 정당이 22대 총선에서는 단 1석도 얻지 못했다. 진보정당이 기댈 수 있는 버팀목이던 비례 투표에서 3%의 벽을 넘지 못했을 뿐 아니라, 지역구에서는 1명도 당선자를 내지 못했다. 네 차례나 연임하며 진보정치의 대표적 지도자로 성장해온 심상정 의원마저 낙선하고 말았다. 이것은 녹색정의당은 물론 독자적 진보정치의 발전을 응원해온 모든 이들에게 매우 서글픈 결과였다. 진보적 가치를 지키며 오랫동안 곳곳에서 헌신하던 사람들에게 좌절감을 주었고, 녹색정의당이 대변하던 기후정의와 여성·소수자 인권의 가치에도 타격이었다.

문제는 무엇을 탓하고 누구에게 책임을 떠넘기기도 어렵다는 점이었다. 선거제도 때문이다? 양당 구도 때문이다? 사표 심리 때문이다? 제3지대 신당들 때문이다? 조국혁신당 때문이다? 그런 변명으로 빠져나가기도 어렵게 녹색정의당의 지지율은 선거 기간 전부터 이미 매우 낮은 수준을 유지했고, 그것이 선거 결과로 그대로 이어졌다.

선거 결과가 보여준 것은 정의당의 지지기반은 붕괴했고, 지역구의 경우 민주당을 찍어도 비례는 정의당을 찍던 사람들도 거의 다 떠났다는 사실이었다.

2016년 촛불 이후, 민주당이 집권 여당이 되면서 정의당이 진보적 야당으로서 민주당에 대한 비판을 더 강조하기 시작한 것은 이해할 만한 일이었다. 성평등과 기후정의 의제를 강조한 것도 필요했다.

하지만 2019년 '조국 사태' 때부터 문제가 꼬이기 시작했다. 그것은 복합적인 사건이긴 했지만 핵심은 촛불항쟁에서 시작된 변화를 중단시키고 과거로 돌아가기 위한 기득권 우파의 반동적 시도였다. 이에 맞서 검찰 개혁을 요구하는 거대한 촛불시위가 번지기 시작했는데, 정의당은 여기에 등을 돌려버렸다. '조국 몰이'와 '윤미향 마녀사냥', '이재명 죽이기' 등에서 정의당은 거듭해서 검찰 권력과 족벌언론의 프레임을 따라가기 시작했고, 민주당보다 더 철저하고 강력하게 기득권 카르텔에 맞서는 진보 야당을 기대하는 사람들과 거리가 멀어졌다.

기득권 우파와 검찰-언론 카르텔이 윤석열 정권을 탄생시켰던 2022년, 민주당은 더 이상 집권 여당이 아닌데도, 정의당은 거듭 '민주당 2중대를 벗어나야 한다'는 당위에 집착했다. 윤석열 정권과 정면 대결하기보다는 기계적 양비론을 펴다가 윤석열 검찰의 이재명 체포동의안에도 찬성하고 말았다. '민주당과의 관계'에만 시야가 갇혀 있던 정의당의 현실을 가감 없이 보여준 사건이었다.

그 결과, 정의당은 전통적인 진보 지지층도, 민주당 왼쪽에서 진보정당으로 이동할 수도 있던 지지층도 다 잃고 말았다. 그리하여 당원 수 급감, 당비 수입과 재정 악화, 지지율 추락이라는 삼중의 위기 속으로 빠져들었다. 이미 2022년 지방선거 때 정의당 지지율은 4%에 그쳤다. 총선을 앞두고 정의당의 위기와 혼란은 더 심해졌다. '민주당 2중대를 벗어나야 한다'는 당위에 집착하며 그것을 극단적으로 발전시킨 사람들(류호정, 박원석, 조성주)은 "민주당의 오른쪽으로 가야 한다"면서 아예 정의당을 떠나서 이낙연, 이준석 등과 손을 잡고 '제3지대 신당'을 만들었다.

2023년 연말, 정의당이 진보당, 녹색당, 노동당 등과 함께 진보 선거연합을 추진한 것은 그나마 지혜로운 선택이었다. 그 행보는 진보정치 지지자들에게 작은 희망을 품게 했다. 이것은 진작에 필요한 일이었지만, 종북몰이와 통합진보당 강제해산 과정에서 깊어진 불신과 갈등에 가로막혀 있었다. 정의당의 위기감이 외면하던 이 과제를 스스로 고민하게 했다.

하지만 정의당은 자신들을 플랫폼으로 한 연합정당을 고집하고, 진보당은 민주노총을 플랫폼으로 한 연합정당을 고집하면서 진보 선거연합은 또다시 실패하고 말았다. 오랫동안 원내 유일 진보정당의 자리를 독차지해온 정의당의 포용하고 양보

하는 태도가 아쉬울 수밖에 없었다. 이어서 정의당은 녹색당과 소규모의 선거연합을 해서 총선을 준비했다. 이 흐름에 있다 보니, 2024년 초에 뒤늦게 연동형 선거제 유지를 선언하며 민주당이 비례연합 정당을 제안했을 때 정의당은 거절할 수밖에 없었다. '민주당과 선 긋기'가 절대적 원칙처럼 굳어져 있었을 뿐만 아니라 녹색당과 통합을 통한 총선 대응이 이미 결정된 상황이었기 때문이다. 정의당은 지역구에서 후보 단일화는 가능하다고 했지만 그것도 실패가 예정돼 있었다.

민주당 주도의 비례연합 정당과 경쟁 관계였기에 녹색정의당은 더욱더 민주당을 비판하고 차별성을 드러내는 선거운동을 펼쳤다. 그러나 윤석열과 국민의힘에 가장 앞장서 맞서 싸우는 정당이라는 인식은 형성되기 어려웠고, 이로 인해 윤석열 정권에 엄청난 분노와 심판 의지를 보인 사람들의 마음을 끌기 어려웠다. 이것이 총선 결과로 고스란히 이어졌다. 정의당에서 벗어나 민주당과 국민의힘 사이의 '제3지대'를 찾아간 정치인들도 처참한 결과를 얻은 것은 마찬가지였다.

결국, 22대 총선 결과는 '2019년에 조국 장관 임명을 찬성해서 정의당의 위기가 왔고, 진보정당은 무조건 민주당과 단절해야 성공할 수 있다'는 신화의 허구성을 드러냈다. 단순히 민주당을 반대하고 선을 그으며 '진보정당이 대안이니 여기로 오라'고 선언하는 방식으로는 진보정당의 지지기반을 만들어낼 수 없다는 이야기였다. 민주당을 통한 개혁과 진보에 기대를 거는 사람들을 한심하다고 깎아내릴 게 아니라, 그들이 진보정당의 기반으로 옮겨올 수 있도록 적절한 동맹과 전술이 필요했다. 기득권 우파를 누구보다 신랄하게 비판하면서도 심지어 민주당 오른쪽의 민주평화당과도 공동교섭단체를 구성했던 노회찬 의원이 계속 이야기되는 이유였다.

그러나 정의당의 추락을 근거로 기후위기 대응과 기후정의, 성평등, 노동 의제들이 지지를 얻지 못했다고 평가해서도 안 된다. 기후위기와 성평등은 이미 한국사회에서 어떤 정치세력도 무시할 수 없는 중요한 의제가 돼 있다. 국민의힘도 22대 총선에서는 기후 공약과 후보를 내세웠고, 막바지에는 '민주당은 여성 혐오 정당'이라고 공격하기까지 했다.

문제는 기후위기 대응과 기후정의, 성평등을 위한 투쟁을 검찰·언론 개혁을 위한 투쟁과 대립시키는 것이었다. 윤석열 정권은 기후위기를 가속화하고 있을 뿐 아니라, 누구보다 반노동자적이고 여성 차별적인 정권이었다. 긴밀히 연결돼 있고 교차하는 이러한 과제와 투쟁은 얼마든지 결합될 수 있었다.

한편, 22대 총선에서 진보당은 지역구와 비례를 합쳐서 3석을 얻을 수 있었다. 진보당의 뿌리를 찾을 수 있는 통합진보당이 2014년에 박근혜 정부에 의해서 강제 해산된 이후에 진행된 10년 동안의 지독한 탄압과 고립을 뼈아프게 기억하는 사람들로서는 매우 감격스러운 순간일 터였다. 그동안 진보당(민중당)은 '종북'으로 낙인찍혀 사회 전체뿐 아니라 진보진영에서도 따돌림당했고, 허허벌판에서 찬바람을 맞았다.

특히 진보당 후보가 울산 북구뿐 아니라 부산 연제에

서도 경선에서는 민주당 후보를 이기고 본선에서는 국민의힘 후보를 턱밑까지 쫓아간 것은 인상적이었다. 기성 양당이 아닌 진보정당 후보도 얼마든지 노력과 능력을 통해서 지역구를 개척할 수 있다는 가능성을 보여주었기 때문이다.

물론 진보당의 총선 성과는 비례연합 정당에 들어가고 민주당과 후보 단일화를 해서 가능했다. 이런 타협은 부작용과 후폭풍도 낳았다. 진보정당으로서 독자성은 흐려졌고, 민주당의 부당한 요구 때문에 일부 후보들을 사퇴시켜야 했다. '민주당 위성정당에 들어간 진보당을 민주노총의 지지 정당에서 제외해야 한다'는 비난 속에서 진보정당들에 대한 불신도 커졌다.

진보당은 이런 문제들을 해결할 책임이 있다. 또한 민주당에 의존하지 않는 독자적 진보정치의 길을 열어가겠다는 약속을 현실화시키며 신뢰를 회복할 필요가 있다.

21대 대선과 진보정당들

오랫동안 지나치게 오른쪽으로 치우쳐 있었던 한국사회를 합리적 보수와 진보가 경쟁하는 사회로 바꿔야 한다. 그런 변화가 가능해진다면 민주당은 중도적 진보나 보수로 자리매김하고, 민주당이 포괄하지 못하는 의제들을 해결할 수 있는 급진적 진보 정치세력들이 등장해서 서로 경쟁하며 한국사회의 진보와 개혁을 더욱 전진시킬 수 있다.

이번 '빛의 혁명'을 거치면서 그런 변화가 가능할지도 모른다는 희망이 생겼다. 실제로 이번 대선에서 민주당은 중도와 보수를 모두 포괄하는 정당을 자처하면서 지지를 호소했다. 한편, 부패하고 퇴행적인 보수우파를 대표하던 국민의힘은 윤석열의 쿠데타 실패 이후에 스스로 자멸할지 모를 가능성을 드러냈다. 그러나 국민의힘이 해체되거나 분열하더라도 그 공백을 합리적 보수정당이 채울지는 알기 어렵다. 그 공백을 개혁신당의 이준석이 노리고 있지만, 그 역시 명태균 게이트의 장본인 중 하나로 낡고 부패한 정치 문화와 구조에 국민의힘과 함께 얽매여 있기 때문이다.

반면, 진보당의 대선 예비 후보였던 김재연 대표는 이준석과는 매우 상반되는 인물이었다. 한쪽은 보수적 젊은 남성이고 한쪽은 진보적 젊은 여성이라는 점만이 아니라, 김재연 대표는 '페미니스트 대통령 후보'를 자처하면서 차별금지법 제정 등 진보적 과제를 말하고 있었기 때문이다. 하지만 김재연 후보와 진보당은 주류언론에서 이준석 후보와 개혁신당에 비해서 거의 1/10 정도의 주목밖에는 받지 못했다.

더구나 현재의 선거 제도와 규정에 따라서 김재연 후보는 대선 후보 TV 토론도 못 나올 처지였다. 결국 김재연 후보는 대선 후보 등록을 앞두고 사퇴하며 민주당, 조국혁신당, 사회민주당, 기본소득당과 공동선언문을 발표하며 이재명 후보로 단일화를 했다. 「새로운 대한민국을 위한 광장 대선 연합정치」라는 이름의 합의문은 결선투표제, 선거의 비례성 강화 등 양당체제를 벗어나 소규모 진보정당들이 성장할 수 있는 길을 담고 있다. 그 밖에도 사회 공공성 강화, 정의로운 생태사회, 검찰과 사법 개혁, 경제적·사회적 불평등 해소, 성평등과 인권, 혐오와 차별 극복, 노동기본권 보장, 남북 간 평화·협력 등의 가치도 담았다.

사실 민주당은 박근혜 정권의 종북몰이가 몰아치던 2013년부터 의식적으로 진보당과 거리를 두고 정의당과만 선거연합을 해왔다. 민주당이 다시 진보당과 선거연합을 시작한 것은 10년도 더 지난 2024년 총선 때부터였다. 여전히 족벌언론과 보수우파들에게 진보당은 '종북'으로, 민주당은 '종북의 숙주'로 공격받는 상황에서 부담을 감수한 결정이었다. 그럼에도 노동운동과 지역사회에 무시할 수 없는 기반을 가진 진보당과 손잡는 것이 손해보다는 이득이 더 많다고 판단한 결과였다.

진보당도 내란 종식의 대의를 내세우며 집권 가능성이 큰 민주당과 단일화를 통해 진보적 정책들을 얻어내고 존재감을 남기면서, 이후에 지방선거나 총선에서 도약의 기회를 얻겠다는 계산으로 보였다. 하지만 진보당의 행보는 민주당과도 구별되는 진보세력의 독자성과 차별적 목소리를 낼 기회를 포기했다는 비판에 직면했다. 더구나 민주당이 과연 '광장 대선 연합정치' 합의문의 추상적인 약속들을 지킬 것인지 믿기 어렵다는 우려도 컸다.

반면, 정의당은 진보당과 달리 노동당, 녹색당, 노동운동 단체들과 함께 연합하며 당명을 민주노동당으로 바꾼 채 출사표를 냈다. 후보는 권영국이었다. 그리고 내란 종식과 정권교체를 넘어서는 "격차 없는 평등사회", "사회대개혁", "성평등"

을 주장했다. 선관위 규정에 따라서 민주당, 국민의힘, 개혁신당과 함께 대선 후보 TV 토론에 나올 수 있었던 권영국 후보는 국민의힘과 개혁신당만이 아니라 민주당도 하지 못하는 급진적인 주장과 정책들을 제시하고 소외된 노동자, 소수자들의 목소리를 대변하며 전국적 인지도와 주목을 얻을 수 있었다. 이것은 채 1%에도 못 미친 득표율과는 무관하게 그 자체로 큰 성과였다.

하지만 이것이 대선 이후에 독자적인 진보정치의 성장으로 연결될지는 알 수 없는 일이다. 역사적, 국제적 경험은 그것이 자동적이지 않다는 것을 보여주기 때문이다. 무조건 독자 후보를 출마시켜 완주했지만 고립된 소수 정당 신세를 벗어나지 못하는 경우도 있고, 상황에 따라서 독자적 출마뿐 아니라 적절한 선거연합을 결합하면서 집권당으로 성장한 경우도 있다.

그런데 선거보다는 투쟁이 더 중심이고 중요하다는 게 진보좌파의 오랜 입장이었다. 따라서 선거 후보나 선거운동 방침은 정해진 원칙이 아니라 상황과 조건에 따라 유연하게 바뀌는 전술일 수밖에 없었다. 미국의 저명한 사회운동가이자 저술가인 리베카 솔닛은 "투표는 발렌타인 고백이 아니라 체스의 한 수"라고 했다.✿ 제일 좋아하는 사람에게 하는 고백이 아니라, 전체 판을 이기려는 전략 속에 배치된 수많은 선택 중 하나라는 말이다.

✿ Rebecca Solnit, "The 2000 Election Unleashed Disaster on the World. We Can't Let that Happen Again in 2016", The Nation, November 3, 2016.

이 점을 생각할 때 이번 대선에서 진보당과 민주노동당의 서로 다른 전술은 둘 다 이해가 가면서도 서글픈 측면이 있었다. 둘 다 더 힘겨워진 진보정치의 주객관적 상황과 조건, 그 속에서의 몸부림이었기 때문이다. 두 단위의 후보 선출 과정에 참가한 당원이나 선거인단 수는 (진보당이 3배 정도 더 많기는 했지만) 역대 가장 낮은 편이었고, 민주당과 비교하면 거의 20분의 1 수준이었다.

특히 '빛의 혁명'이라는, 역사에 남을 투쟁과 대중의 급진화 속에서도 진보정당들이 별로 성과를 얻지 못했다는 것이 확인됐다. 물론 당장은 내란 진압과 민주주의 회복에 우선해야 한다는 분위기가 진보정당에 대한 주목을 가린 측면을 빼놓을 수는 없지만, 아쉬움은 남을 수밖에 없다. 반면, 이미 당원의 규모가 역사상 최대 규모였던 민주당은 이번 기간을 거치며 더욱 성장했고, 당원 직접 민주주의를 강조하고 있는 상황이다.

지금 진보 정치세력에게 필요한 것은 현실을 직시하는 것, 즉 지난 경험을 냉철히 평가하는 것이고, 나아가 그 속에서 새길을 여는 것이다. 진보좌파의 목소리가 다수인 사회라는 원대한 이상과는 달리, 한국 진보정당 운동 30년은 확대재생산이 아니라 축소재생산의 결과를 낳았다. 이제는 '마음에는 드는데 사표가 될까 봐 못 찍어 주겠다'는 심리는 더 이상 진보정당의 전진을 가로막는 중요한 문제도 아니다. 진보정당을 온전하게 지지하는 사람들을 새롭게 더 많이 만들어 무시할 수 없는 힘으로 성장하는 것 자체가 과제다.

무엇보다도 서글픈 것은 모든 진보정당의 선거연합과 후보 단일화가 가능하다고 생각하는 사람들이 거의 없어진 현실이다. 그러니 민주당은 더욱더 부담 없이 진보정당들 중 일부와 선택적 연합을 하고서 약속도 쉽게 저버리게 된다.

이번 대선에서 진보정당들과 지지 세력이 선택한 서로 다른 입장과 전술에 대해 서로 폄하하며 안 그래도 줄어든 파이를 더 줄이지 않았으면 한다. 그동안 쌓여온 불신과 갈등 때문에 결코 쉽지는 않겠지만, 서로의 판단과 전술을 존중하며 결과를 가지고 평가하면서 함께 힘을 키우고 모으는 과정을 보고 싶다. 계속 선을 긋고 갈라지기보다 서로 차이를 인정하면서 힘을 모으려는 노력이 긴요하다. 또 그런 연대의 힘이 강력할 때 민주당도 진보정당과의 약속을 무시할 수 없게 될 것이다. 진보좌파란 '나는 세상의 99%와 다른 생각을 가졌다'는 차별성에 자부심을 느끼는 사람이 아니라, 세상의 평범한 이웃들을 내 힘으로 설득하고 결국 그 다수 대중의 힘으로 아래로부터 세상을 바꿔나갈 수 있다는 희망을 품고 살아가는 존재임을 잊지 말기로 하자.

20장
이재명 정부와 한국사회는 어디로?

이재명과 민주당은 2025년 6월 대선을 앞두고 '중도 보수'를 자처하며 '우클릭'을 했다. 물론 민주당은 원래 중도 보수였다는 말도 딱히 틀린 것은 아니다. 워낙 반공주의적 극우가 지배적인 한국사회에서 민주당까지 싸잡아 좌파로 낙인찍는 색깔론 공격이 많았고, 진보적 사회운동 출신 인사들이 민주당에 흡수돼왔지만, 민주당의 뿌리나 역사를 봐도 중도적 자유주의 정당이었지 진보좌파 정당이라고 보기는 힘들었다. 그럼에도 지난해 하반기부터 민주당이 보여준 정책적 후퇴와 타협들에 대한 우려가 많았다. 대표적인 것으로는 1% 초부자들에 부과되는 대표적 세금인 금융투자소득세(금투세)의 폐지 정책이었다. 가상화폐에 대한 과세도 2년 유예됐다. 반도체 주 52시간 노동 예외에서도 흔들렸다.

먼저 봐야 할 것은 이 모든 과정에서 윤석열 정권과 국민의힘, 기득권 카르텔의 압박이 있었다는 사실이다. 부자 감세와 친재벌 정책, 한미동맹과 친미 노선에 매달려온 이들은 이 모든 정책에서 철저하게 소수의 재벌과 대기업, 기득권층의 편에서 민주당의 후퇴와 굴복을 강요했다. 족벌언론들은 '금투세를 시행하면 주가가 폭락하고 시장이 붕괴한다', '52시간 적용 제외를 안 하면 반도체 무한경쟁에서 패배하며 경제 위기가 온다', '한미동맹이 무너지고 있다'며 대대적인 공포 마케팅을 쏟아냈다. 이준석과 개혁신당도 '개미 투자자들에게 큰 피해가 간다'며 금투세 폐지와 코인 과세 유예를 주장했다. 이런 정책들은 주식과 코인 시장에서의 '개미들'의 요구나 나라 경제를 걱정하는 보통 사람들의 요구인 것처럼 포장됐다. 민주당 내부에서도 그것에 동조하는 세력과 목소리들이 늘어났고, 결국 이재명과 민주당 지도부도 타협하기 시작했다.

　　　　이러한 민주당의 타협과 후퇴가 윤석열 정권이 지지율 추락 속에 정치적 위기에 몰리거나 쿠데타 실패로 자멸하는 상황에서 나타났다는 사실은 곱씹어볼 필요가 있다. 이런 상황에서마저 물러섰다면 기득권 우파의 힘이 강력하고 많은 지지를 얻고 있을 때는 더욱더 쉽게 물러서고 타협할 수 있다는 뜻이 된다.

　　　　이러한 타협과 후퇴를 주도하는 게 이재명이었다는 것도 역설적이다. 이재명은 기존 민주당 주류보다 상대적으로 진보적이며 따라서 기득권 카르텔에 비타협적으로 맞설 것이라는 기대 속에서 인기를 얻었었다. 바로 그런 이유로 이재명은 '종북좌파의 숙주'로 낙인찍혔고 족벌언론들은 그를 증오하며 악마화했다. 이 증오심, 악마화 의지의 집요함은 실제 살인미수 정치테러까지 낳았다. 결국 그들은 이재명을 제거하는 데는 실패하고 말았지만 이재명을 길들이는 데는 어느 정도 성공한 셈이다.

이제 '조선일보 OUT' 팻말을 들고 '집권하면 적폐들을 싹 정리하겠다'라며 사이다 발언을 날리던 이재명의 모습은 찾기 힘들어졌다. 중요한 것은 이재명의 민주당이 집권한 이제부터 나타날 문제다. 기득권 카르텔에 대한 타협과 양보는 강력한 개혁 추진의 발목을 잡을 수밖에 없다. 이재명은 지난해 말 윤석열 탄핵안 통과 직후에 국회 앞 집회 연설에서 "지난 촛불혁명 때 우리 국민들이 그 한겨울에 아이들 손잡고 힘겹게 싸워서 박근혜 정권을 끌어내렸지만, 그 후에도 세상은 바뀌지 않았고 내 삶은 바뀌지 않았다고 생각하고 있다"라면서 사과했는데, 새 정부의 개혁이 실패한다면 문재인 정부 때의 이러한 오류가 반복될 가능성이 높다.

민주당 왼쪽의 진보적 야당들과 시민사회단체들은 당연히 민주당의 '우클릭'을 비판해왔다. 민주당이 금투세를 폐지할 때, 가상화폐 과세를 유예할 때, 52시간 노동제 예외를 수용하려 할 때마다 조국혁신당, 진보당, 기본소득당, 사회민주당과 민주노총, 참여연대, 민변 등은 그것을 반대하고 규탄했다. 원외의 진보정당과 좌파단체들은 더욱 강력하고 신랄하게 민주당의 우클릭을 비판하고 있다.

특히 이재명 정부의 취임 이후 몇몇 실망스러운 인사정책과 정책적 후퇴가 드러나면서 이에 대한 진보진영과 좌파

단체들의 비판은 더 거세지고 있다. 윤석열 정부에서 취임한 장관을 그대로 둔다거나, 친윤 검사들을 검찰 고위직에 임명하는 행보, 차별금지법 추진과 탈원전 정책 등에서 나타나는 타협과 후퇴가 강한 반발을 낳고 있다. 물론 이것은 당연히 정당하고 필요한 반응이다.

다만 우리는 큰 그림도 봐야 한다. 윤석열 시대가 워낙 역사를 거꾸로 돌려놓아서, 이재명 정부의 몇 가지 상식적인 조치와 개혁 추진만으로도 많은 사람이 환영과 기대를 보내는 것도 사실이기 때문이다. 바로 그런 이유로 민주당과 이재명 대통령의 지지율은 꾸준히 상승하고 있다. 그렇다면 윤석열 탄핵 투쟁의 주역들이 느낄 승리감과 새 정부에 대한 기대감에 공감하고, 이재명 정부의 등장이 바로 그 투쟁의 성과라는 사실을 인정하는 게 우리의 출발점이 돼야 한다.

또다시 '쿠데타를 일으킨 국민의힘이나 그것을 막은 민주당이나 조금도 다를 게 없다'는 식의 기계적 양비론으로 나아가서는 안 된다는 뜻이다. 또한 민주당을 종북·친중 좌파로 낙인찍어 악마화하며 공격해서 우클릭을 압박해온 기득권 카르텔과 국민의힘, 재벌, 족벌언론 등에 대한 비판이 항상 우선돼야 한다.

그와 더불어 이들이 오른쪽에서 보내는 압박에 대한 이재명 정부와 민주당의 타협과 후퇴를 비판하고 민주당 안팎에서 그것을 막기 위해 저항하는 사람들을 응원하는 행동이 필요하다. 민주당이 당원들의 목소리를 민주적으로 반영하는 당원 중심 정당을 강조하고 있는 상황이므로 우클릭에 반대하는 민주당 당원들의 목소리를 응원하며 키우는 것이 중요하다. 그것이 공정할 뿐 아니라 민주당의 후퇴를 막는 데 더 효과적이기 때문이다. 실제로 지난번에 반도체 특별법에서 52시간제 예외를 수용하려던 이재명 지도부가 멈춰서는 데는 민주당 내부에서 반대하던 당원과 의원들의 목소리가 크게 작용했다.

더 중요한 과제는 민주당 왼쪽에서 힘 있는 진보정당 세력을 키워내는 일이다. 사실 민주당의 우클릭은 민주당의 정체성인 중도 정당으로서의 성격을 재확인하는 과정이면서도, 동시에 국민의힘의 극우화가 낳은 오른쪽의 공백을 차지하려는 시도의 성격도 있다. 만약 민주당 왼쪽에 강력한 진보정당들이 존재했다면, 민주당은 지지자들의 왼쪽 이동을 염려해서라도 쉽사리 우클릭하지 못했을 가능성이 높다.

다른 한편으로 민주당의 우클릭 행보는 진보정당의 기반 확대가 가능한 여건의 조성이기도 했다. 권리당원만 200만이 넘을 뿐 아니라 정치적 의제와 사회 개혁에 관심이 있는 민주당 당원들의 상당수를 왼쪽으로 설득하고 견인하는 것은 필요하고 의미 있는 일이기 때문이다. 그것은 우리 사회에서 의미 있는 진보정당의 기반을 만들기 위해 매우 중요한 과제다.

하지만 민주노동당의 짧은 성공 이후에 분열과 위기를 벗어나지 못해온 진보정당들은 지금도 여전히 서로를 탓하는 불신과 갈등 속에 있다. 그래서 현재로서는 민주당을 왼쪽에서 위협하며 민주당의 우클릭을 가로막는 존재도 되지 못하고 있다.

이것은 반동적 극우를 고립시키고 합리적 중도 보수와 진보정당들이 경쟁하는 체제로 한국 정치를 재편하기 위해서도 결코 바람직한 상황은 아니다. 민주당 왼쪽의 진보좌파 정당들은 민주당에 대한 태도나 안티테제를 중심으로 자신들의 정체성을 구성하려는 관성과, 무조건 민주당을 강력히 비판하다 보면 기회가 올 것이라는 이미 실패로 드러난 착각에서 벗어날 필요가 있다. 진보정당의 독자적 가치와 정책을 분명히 하면서 불신과 갈등을 벗어나 힘을 뭉치고 기반을 확장할 수 있는 정치적 돌파구를 찾아 나가야 한다.

이 과제는 기득권 우파와 권력 카르텔의 기반은 여전히 강력하고 언제든 다시 반격이 시작될 수 있기에 더욱 중요하다. '빛의 혁명'으로 정치권력을 교체했지만, 사회경제적 토대에서 기존 구조는 여전하다는 것을 잊지 말아야 한다. 언론 권력, 재벌 권력, 검찰 권력 등은 여전히 같은 세력이 움켜쥐고 있다. 추락하던 경제 지표들이 나아지고 있지만, 경제의 장기적 침체 흐름은 여전하고, 트럼프의 막무가내식 압박은 새 정부를 어둠 속에서 헤매게 할 수 있다.

물론, 기득권 우파 세력은 당장은 숨을 고르며 눈치를 살필 것이다. 무엇보다 이들은 지금 친윤, 친한, 자유통일당, 개혁신당, 전광훈파, 전한길파 등으로 나뉘어 심각한 내분과 갈등 상황 속에 있다. 재벌-족벌언론-검찰-사법부-국정원으로 이어지는 권력의 연결고리도 느슨해지거나 끊어지고 있다. 하지만 이들의 권력 기반과 물적 토대는 여전히 건재하다. 광화문의 태극기 집회 진지, 이재명 포비아, 젠더와 세대 갈라치기 등 반격의 무기도 마련돼 있다.

새 정부가 삐걱거리며 빈틈을 보여주면 이들은 곧바로 그것을 파고들며, 다시 이러한 반격의 무기를 집어 들고 새 정부를 흔들어 대면서 재결집을 시도할 것이다. '트럼프에 거역하고 기업들을 괴롭히는 친중 좌파'라고 새 정부를 공격할 것이다. 민주당과 이재명이 중도 보수를 자처하고 국민 통합을 선언하면서 대선 캠프와 내각에 줄줄이 끌어들인 보수우파 출신 인사들도 태도를 바꾸며 내부에서 호응할 수 있다. 기득권 카르텔의 정치적 경험과 자원은 풍부하고, 상대편의 빈틈과 약점을 노리는 교묘한 전술은 오랜 세월 속에 갈고닦은 것임을 잊어서는 안 된다.

이런 상황에서 진보진영과 노동운동은 팔짱 끼고 민주당 정부의 실패만 기다리다가 이삭줍기를 하면 되는 것일까? 이재명 정부도 자본가 정부이니 우파와 다를 게 없고 똑같이 공격하자는 단순 논리를 택해야 할까? 별로 그렇지가 않다.

오히려 진보진영과 노동운동은 이재명 정부가 광장의 요구를 대변해서 개혁에 성공하도록 그 동력을 마련하는 일에 앞장서야 한다. 힘을 모아내며 시민사회뿐 아니라 민주당 지지층까지 파고들면서 광범한 지지와 연대를 구축하고, 우리의 의제를 정치적 중심 의제로 만들어내야 한다. 그것은 민주당 정부가 개혁을 추진할 때는 그 성공을 뒷받침하고 우파의 방해를 물리치기 위해서 필요하다. 민주당 정부가 길을 벗어날 때면 그것을 막아서기 위해서 필요하고, 민주당 정부가 개혁을 포기할 때는 독립적 힘으로 개혁을 이루기 위해서 필요하다.

필요한 것은 원칙과 선명한 구호만이 아니라 시의적절한 판단과 전술이다. 혐오 정치와 선동을 주도하다가 내란까지 시도했던 신극우와 권력 카르텔에 맞서는 최대한 폭넓은 연대를 구축해야 한다. 이 연대는 대중 행동에 중심을 두면서도 혐오 발화 금지법, 차별금지법, 국가인권위법 개정 등 온갖 혐오 발언과 선동을 차단하기 위한 법과 제도를 만드는 데도 힘을 모아야 한다. 동시에 거대언론과 온라인 커뮤니티와 플랫폼 등이 혐오의 논리와 내용을 퍼트리는 통로가 되지 않도록 그들에 대한 규제 방안도 찾아야 한다.

더욱 중요한 것은 차별과 혐오가 서식할 수 있는 토양이 되는 사회적 불평등과 불의를 바로잡는 일이고, 혐오와 차별 발화에 맞서서 대항적 발화와 담론을 더 넓게 확산하는 것이다. '빛의 혁명' 정신을 되새기고 언제나 그것으로 돌아가자. 광장에서 함께 응원봉을 들고 손잡았던 우리 모두가 바로 '다시 만날 세계'와 역사를 만들어갈 주인공이라는 것을 잊지 말기로 하자. 브레히트의 시는 권력자가 아니라 보통 사람들의 고민과 행동이 역사를 만들어왔다는 사실을 우리에게 알려준다.

누가 일곱 개의 성문이 있는 테베를 세웠는가?
책에서 그대는 왕들의 이름을 발견한다네.

왕들이 바위 덩어리를 끌어 날랐는가?

그리고 몇 번이고 파괴된 바빌론,

누가 바빌론을 몇 번이고 일으켜 세웠는가?

…쪽을 넘길 때마다 등장하는 승리.

누가 승리자들의 연희를 위해 요리를 만들었는가?

10년마다 등장하는 위인.

누가 그들을 위해 대가를 치렀는가?

너무나 많은 이야기.

그만큼 많은 의문.

—베르톨트 브레히트, <독서하는 노동자의 질문>